生死爱恨
一念间

［美］刘墉 著

别让抱怨毁了你！

花山文艺出版社

图书在版编目（CIP）数据

生死爱恨一念间：别让抱怨毁了你 /（美）刘墉著 .
-- 石家庄：花山文艺出版社，2022. 10

ISBN 978-7-5511-6192-3

Ⅰ. ①生… Ⅱ. ①刘… Ⅲ. ①散文集－美国－现代
Ⅳ. ① I712. 65

中国版本图书馆 CIP 数据核字（2022）第 120907 号

经刘墉授权在中国大陆地区独家出版发行

书　　名：生死爱恨一念间：别让抱怨毁了你
Shengsi Aiheng Yinianjian: Bie Rang Baoyuan Huileni

著　　者：（美）刘墉

责任编辑：梁东方　王李子
责任校对：李　鸥
美术编辑：王爱芹
装帧设计：赵银翠
出版发行：花山文艺出版社（邮政编码：050061）
（河北省石家庄市友谊北大街 330 号）
销售热线：0311-88643221 / 34 / 48
印　　刷：大厂回族自治县德诚印务有限公司
经　　销：新华书店
开　　本：620 毫米 ×889 毫米　1/32
印　　张：7
字　　数：88 千字
版　　次：2022 年 10 月第 1 版
2022 年 10 月第 1 次印刷
书　　号：ISBN 978-7-5511-6192-3
定　　价：30. 00 元

自序 /

人的一生，
如果不能 由幼年时的被关怀，
成年时的 关怀亲人，
到有一天，
关怀每个人甚至一草一木，
以母亲般的爱，
去 爱 这世上的一切，
就不能成就伟大的人生。

生死爱恨一念间

大前年的夏天，八十多岁的老母突然对我说：

“趁孙女还不会爬，比较好带，又有你岳母在这儿帮忙，你陪我回一趟祖国大陆吧！跟那些老朋友见最后一面，再回来，我就心安了，全心全意照顾这个小孙女。”

于是九月，我们上了返乡路。

飞机十分拥挤，许多娃娃闹成一团，前座两个小男孩，不断爬上椅背，把零食掉在我们身上。可是以前不怎么亲近小孩子的老人家，居然不介意，反而逗孩子们开心。

过境阿拉斯加，落地休息一个钟头，老人毫无倦态，主动找那些带小孩的父母聊天，然后喜滋滋地回到座位对我说：“我问人家的孩子多大了，原来只要一岁多，就能长得那么大，真高兴！”

“高兴什么？”

“高兴知道，我的孙女过不了多久，也就能长那么大。”

邻居有位老太太，全白的头发，弓着背，抖着手，说几句话就直喘气。但是好几次带小丫头经过她的门前，她都高喊着挥手，然后颤巍巍地从屋里抱出一架相机，为小丫头拍照。

她拍的照片，几乎没一张是清楚的，有时候连头都拍得不见了。她总是一边骂照相馆洗得太差，一边叹气：

“唉！两年没见我在国外的孙女了。”她说着掉下了眼泪，“看到你的小丫头，就好像看到我的小丫头。”

广播电视发展基金，为我向学校请假三年，回乡筹备一个文化性的节目，使我近两年来，对于家，真是聚少离多。

“每次女儿刚跟你熟悉起来，你就走了。回来，又生疏了！”妻对我说。

这次离家时，已是夜里九点，一家老小站在门前送，门灯在身后，黑乎乎的几个人影，孩子没哭，也没挥手，却有一脸的惶恐，仿佛不知发生什么事。

我告诉出租车司机怎样转出街角，竟忘了再回头多看家人一眼，倒是路上跟司机聊了不少。

机场也有不少熟人，大家放肆地笑着，把笑声一路带进机舱。

飞行很平稳，我先拿出随身带的小说，又试着看了一段电影，都觉得索然无味，便闭目养神，自己哼着曲子。

突然，听到一声清脆的童音，一个孩子喊："爸爸！"

那孩子可爱的声音，竟使我浑身震动，像是决了堤，两行热泪从闭着的眼眶中，一下子滚落面颊。

不知是因为漂泊得太多，还是由于年龄的渐长，前面的日子眼看不及过往的多了，使我这两年对于生命愈发地珍重，珍重自己所有的，也珍视每一个别人的孩子。总觉得在人家孩子的身上，见到了自己的骨肉。

常想起以前看过的一部战争片，身经百战的铁血勇士，来到某个村庄。一位满脸皱纹的老妇人，给他端了杯水过去。

勇士接过水，凝视着老妇人的脸，突然泣不成声。

电影里没有说他为什么哭，但是戏院里许多人都落了泪。

最大的感动来自真情，而真情是不必说明的。

问题是，在我们不断由别人身上看到自己的时候，能有几个人“推己及人”真正把对自家的爱，扩大到别人的身上呢？

这又使我想起另一部电影，少年时看过的武侠片《离别钩》，里面说：使用离别钩的高手，只要挥出离别钩，就能使对方的肢体分离，更让别人和他的亲人别离。但是别离正是为了相聚，让那“离别钩”所保护的人们，能够相聚。

于是我想，由于爱是那么具有“排外性”，当我们爱自己所爱的同时，是否也表现了不爱那些别人所爱的？而我们的相聚与欢乐，是不是常建筑在别人的分离与痛苦上？这世间有几个武器，不是为了爱自己，而去杀别人，以及别人所爱的？

记得十四年前，我初到美国的时候，几位维吉尼亚的教授，开车带我到大烟山旅游，从山上远眺维州平原，一位教授说："多么美好的大地、肥沃的土壤，可惜都是我们白人从印第安人手上夺来的。"

我毫不经大脑地问："那为什么不把这些地方还给印第安人呢？"

场面一下子尴尬了……

至今，我还为当时的唐突有些怔忡，但是那位教授所说的话，则令我咀嚼再三——

"发生的已经发生了。它永远无法再来过！"

1992年是哥伦布发现新大陆的五百周年，但是在邓昌国先生临终前完成的《伴我半世纪的那把琴》中的一段话，却使我对这个纪念，有了另一种看法。

邓先生引述了美国作家汉斯·康宁（Hans Koning）

的话：

“哥伦布对支持者承诺，会带回如山的黄金。而实际自 1492 年到 1500 年的八年之间，哥伦布和他的两个兄弟，在 Hispaniola（现在的海地、多米尼加共和国）登陆，杀了几十万土著，相当于当地一半的人口……”

去年年底，邓昌国教授离开台湾地区的当天上午，我去廷吉街他暂住的朋友家探望。在肝癌的折磨下，他已经瘦得不成人形。却拿出近两年勉力完成的小提琴教学录影带给我看，又写下我的地址，说要寄一本即将完成的书给我。

“多保留点体力！”我说。

“生命，如果不能对下一代的生命做点事情，又有什么意思！”

我在门口跟他拥别，约好在美国碰面。老人家的身体好轻、好薄，像是一张纸。但是，他的那句话，很重！

我发觉，一个生命的完成，不仅是尼采所说的，需要经过“骆驼”“狮子”和“婴儿”这三种境界，更应该由“婴儿”的境界，走向“母亲”。

人的一生，如果不能由幼年时的被关怀，成年时的关怀亲人，到有一天，关怀每个人甚至一草一木，以母亲般的爱，去爱这世上的一切，就不能成就伟大的人生。

在邓先生最后的作品中，我看到了这种关怀。

本书也是我试着表达一些这样关怀的作品。

我认为正因为我们有死的恐惧，所以能珍视生的喜悦。而面对那难免的死亡，与其无谓地逃避，不如做积极的贡献。由创造生命，养育我们的子女；到爱护生命，铺设美好的未来。

谈到“爱”，我觉得它是宇宙的一切，没有爱、没有做爱，这世上的生命都无法延续。所以我再一次强调《爱就注定了一生的漂泊》当中的那句话：

“上帝创造的最伟大的东西，不是万物，不是宇宙，而是爱！我十分不合逻辑，甚至执着地认为，上帝在创造一切之前，先创造了母爱，上帝本身就是爱，这世界也就是由爱所凝结！”

至于“恨”，我觉得它应该是爱的另一种产物、一种变形。由于过度地爱自己，以至于排斥他人。由于不愿意自己所爱的被别人排斥，以至于恨别人。

曾有一个被女朋友抛弃的男孩子，对我数落了一大堆女孩的不是，甚至骂那女孩子淫贱。

当时我只是听，没做任何评论。

过不多久，他们居然复合，而且结婚了。

后来遇到，男孩子很不好意思地对我说，当时他讲的全是气话，希望我能忘掉。

“只是我不懂，你当时为什么那样恨她？”

“我不去恨，怎能忘得了她呢？”男孩子说，“恨，是为了我自己要活下去！”

如同当时听男孩骂的时候，我不加任何评论。在这本书里，我多半谈生、死、爱，而不强调恨。这不强调，不代表世上没有恨，只是因为恨与爱难分；而最伟大的爱，应该包容一切的恨。

有一天坐出租车到民权东路的殡仪馆去，车过荣星花园，一个穿白纱的新娘，正被新郎牵引下礼车。

司机先生突然一笑：“民权东路，太有意思了！这个荣星花园演的是‘爱’，下面殡仪馆演出的是‘死’，再过去的恩主宫，是解救，是‘生’！”

“有道理！”我鼓掌，“但什么地方是‘恨’呢？”

“这都想不通吗？”他大笑，“街上的乱七八糟、冲来撞去、你争我夺，就是恨！”

“可不是吗！看穿了，只是一条街上的平常事。”我说，“生、死、爱、恨，一念间！”

有生必有死

有爱就有恨

我们因爱而生

因生而爱

又常怀恨而死

因死而恨！

我们用一辈子的时间

织这生死爱恨的网

也用一辈子的时间

解那生死爱恨的结

只是——

看穿了

生死爱恨能有多少距离？

看破了

生死爱恨只是一念之间！

生死爱恨一念间

别让抱怨毁了你

目 录

珍惜一念间

/

对于“惜”这个字，我自有一套不同于古人的看法。

“惜”的左边是“心”，右边是“昔”。

“昔”的上面是“廾”，像是草。中间的“一”，表示“地平线”。底下有个“日”，放在一起，则成为：

太阳落到地平线的小草下面，意思是“晚了”！

用左边的“心”，想想右边的“晚了”，就是“惜”。

已经晚了的时候，我们“惋惜”。怕它晚了的时候，我们“珍惜”。

下面这“惜生”“惜福”“惜物”“惜缘”，是希望大家多“珍惜”少“惋惜”！

惜生一念间

每当我不如意，都想起他们的话。

心想：

有什么好看不开的呢？

只要能多活几年！

多活几年

以前每到隆冬，八十多岁的老母常对着窗子偷偷擦眼泪：“冰天雪地，在美国关监牢……”

然而自从有了小孙女，事情就改观了。老人家忙得团团转，明明有亲戚帮忙，她却要抢着带孩子。有一天走过老人家的房门，相差八十多岁的一老一小正在玩耍，老人家的声音传出来：

“你这么可爱，冲着你，奶奶也要再多活几年！”

墙上的照片早变黄了，老人家常去擦，一面喃喃地说：“真没福气！连电视都没见过，就死了！”

父亲过世到现在整整三十三年，那时候，我才九岁，只记得刚住院时，父亲怎么都不相信自己得的是癌症，接着怨医生误了病情，再下来则是骂老天：“为什么好人不长寿？”

而后，居然平静了。

死前几天，舅舅备了架录音机留下遗言，录音带早在一场大火中焚毁，父亲的声音却始终在我耳边：

“爸爸真想多活几年，看你长大……”

那声音已经没有任何怨怼，是那么平静！

小时候，附近住了位将军，身经百战，功业彪炳。虽然因为高龄而日渐缩小，佝偻着走过，看到他的眼神，仍令人敬畏三分。

有一天，他的司机发了疯，拿着刀，见人就砍，冲到将军面前，老人居然浑身颤抖地跪了下去……

老将军没死，但是再也没人敬重他，原本看到他就老远立正的男孩子，甚至往他院里扔石头，高声骂：“胆小鬼，怕死鬼！”

我却记得事情发生不久，跟着母亲去探望他时，老人坐在藤椅上，面色恢复了平静，冷冷地说：

“我想多活几年……”

学生魏嘉凤，艺专毕业，又跟我学了几年画，全省美展得了奖，正是青春好年华，突然发现长了脑瘤，而且在最深的“下视丘”。

越洋通了信，又打电话过去，一点听不出毛病。

回到台北，她还跑来看我，笑着指自己头上的毛线帽：“放射线治疗，头发都掉光了！”突然掩面，泪水从指缝渗下来，滑进她的袖口，我递过化妆纸，隔了几秒钟，她抬起头来，说了声谢谢，恢复了坚毅：

“医生说再过不多久，就会昏迷，可是我不信，我认为还能多活几年！”

一位朋友老大未婚，每次有人问，他都说早料定要单身一辈子。

“我父亲前几年去世，大家都说不够长寿，其实已经比医生预言的多活了两年。”他说。

“因为我去拜托了一位法师，在父亲床脚绑红线，作了法。事先法师就警告，我这么做，是借自己的福气出去，就算不减寿，也要伤姻缘……”

“只要能让父亲多活几年！”他笑笑。

去年春天返台，听说我的干姐姐常要去打点滴，才能有精神。追踪到医院，医生说早叫她去台大检查，她就是不去。

在我的催促下，她去了，已经是肝癌末期。

住在医院里，胀得不能弯腰的腹水和剧痛，使她彻夜难眠，旁边病床的人，告诉她西门闹区有位肝病专家，或许能救，我和干姐夫带她过去，行人徒步区，不得不下来走。她的脚肿，穿着拖鞋在地上擦着前进。

医生看了看检验报告，苦笑一下：“吉人自有天相，也见过这种情况，拖上好几年的，只是我恐怕帮不上忙！”

医生没收钱，但什么建议都不表示，我掏出“片仔癀”，问他怎么吃，他也摇头。

上车时，干姐十分困难地弯腰，坐定后，看着窗外，突然一个字一个字地说：“我没有活够，我还要多活几年……”

每当我不如意，都想起他们的话。

心想：

有什么好看不开的呢？

只要能多活几年！

惜福一念间

福常是回头看到的，

只是看到的那一刻，

它也走了。

惜 福

由建国北路上高速公路，看见桥墩边写着两个斗大的字——“惜福”。

是什么有心人写的？在这个即将上街加油的地方，教人们留一步、缓一刻、惜一分！

招福、纳福、福至，平常谈到福，总是企盼未来拥有得更多。只有“惜福”是讲那即有的福，需要我们好好珍惜。另外的意思，则是若不把握，到手的福也会失去。

学生时代读到古人的一段话，始终记在心上，“得一善则拳拳服膺，而弗失之矣”。如果把那“善”换成“福”，也便是“惜福”。

我们常说“人在福中不知福”，也有“惜福”的意思，因为只有“知福”的懂得“惜福”，人在福中而不自知，又怎么晓得珍惜呢？所以总是听人说：“想当年，真是过了些好日子。”却少听人讲：“这几年，真是过得好。”也常有人说：“不如意的时候，到医院走走，看看更可怜的人，就知道惜福了！”

福常是回头看到的，只是看到的那一刻，它也走了！

有一天我在浇花，一位邻居老先生看见，笑说：“当年，我也爱种花，但是时局一变，敌人突然冲进县城，我抓起几件衣服给小女儿没头没脑地套，也不知穿了多少层。这时枪声已经不远，我抱着女儿往后门冲，正要出门，却发现自己最爱的一盆花干了，慌乱之中，居然还舀了一瓢水浇下去。自那时，我就没回过家。到今天我也就不再种花。”

说到这儿，他又一笑：“有花，就好好爱它吧！”

在他的笑里，我却看到说不出的淡漠……

今年暮春，我做了三十天的大陆之行，风景名胜看得多，见到的车祸也不少。

“每次开到这个桥头，都使我想起去年的一场车祸。”到半坡遗址的路上，司机对我说，“当时一辆载着机器的小货车，翻到桥下，机器压着司机的下身，上身露在水面惨叫，四周站满围观的人，机器重，谁也没办法，就看着他惨叫着死掉。”

只是，他一边说，一边却加足马力，以那种不要命的速度向前冲。

“惜福啊！”我说。

“你们有福的人惜福。我们没福的人有什么好惜的！”

一路上，每当我遇到这样亡命型的司机，都会在心底暗暗升起一种同情。

惜物一念间

每到冬去春回的太阳天，

把竹床抬到院子里，两人各站一边，

将床架高高举起，往地上磕，

便有那臭虫、蟑螂等各路小鬼从里面掉出来。

惜 物

小时候在餐桌上只要掉了饭粒，母亲就会骂一声：“漏嘴！”然后恐吓地对我说，“快捡了吃掉，不然将来讨个媳妇会是麻子脸。”

所以每当看到麻脸的女人，我都想：“这不能怪你，只怪你丈夫小时候漏嘴。”

稍长，开始背诵《朱柏庐治家格言》，读到“一粥一饭，当思来处不易；半丝半缕，恒念物力维艰”，心中有些会通，只是继续念到“勿营华屋，勿谋良田……童仆勿用俊美，妻妾切忌艳妆”，又有些不解。心想：“不盖漂亮房子，难道总要住得破破烂烂？不买肥沃的田地，那良田又让谁去种呢？”尤其不懂的是：“童仆勿用俊美，俊美的童仆岂非要失业？而妻妾不准艳妆，看似十分俭省，只是娶妻又纳妾，岂非坐享齐人之福？”

初中有位老师以节俭闻名，每天日历撕下，不但用来打草稿，而且兼擤鼻涕。那时印刷的油墨虽差，倒还讲究，譬如星期一到星期五印黑色字，周末印蓝色，礼拜天和节假日印红色。

所以，每次看老师鼻头的颜色，就能知道他用了哪一天的。

大学进入美术系，碰到静物写生，大家都会叮嘱出去采买的同学，要选那画完还能吃的东西。譬如买几块冰，旁边放些鱼虾，两个小时画完，冰融了，鱼虾依旧新鲜，便由同学急急提回宿舍祭五脏庙。

至于冬天画裸体模特儿，更要物尽其用，在暖火炉中挂几串番薯，模特儿穿回衣服时，番薯也烤熟了，一群人围炉享用。

以前每年回乡，先师黄君翁总要“命令”我陪他吃几顿饭。九十多岁的大师一声令下，就算我原先与别人有约也得改期，或干脆把朋友一起拉去。

照惯例，我是坐在黄老师的右手边，这个位子最可怕：因为老师会一路顺手为我夹菜，更要命的是如果桌上的东西没吃完，老师则会在小空碟里转汤匙，匙把指到谁，就由谁吃。

十次转，我准有七次中奖。

纽约的家里买了新床，床头是铜制的，母亲看了说，这中空的床架黄澄澄的，倒令人想起以前在大陆睡的竹床。每到冬去春回的太阳天，把竹床抬到院子里，两人各站一边，将床架高高举起，往地上磕，便有那臭虫、蟑螂等各路小鬼从里面掉出来。

“不过……”母亲看看我的铜床叹口气，“这床可比不上竹子的，竹床烂了还能生火煮饭，这床扔了都嫌沉……”

惜缘一念间

哪一次相见不代表别离？

最起码生聚之后，就有了死别！

于是中间的相聚，不论久暂，终是个“缘”。

惜 缘

在新生画廊开展览，许多人在买了画册之后，请我签名，却又有些人在签名之后，还希望我写上日期。

“日期你自己写吧！因为人太多，如果我为你写，只怕人人都要了。”我总是如此婉拒。

直到有一天，一个女孩说：“日期太重要了！请您无论如何为我写，因为这是我见到您的一天。”

我真被震惊了，突然间悔恨自己过去拒绝的举动。对我来说，这只是千万签名中的一个，岂知对那读者或观众来讲，却成为他们心中一个可纪念的日子。

从这一点出发，我开始珍惜每个遇到的人，甚至街头错身而过的陌生者。这一错身，何尝不是缘？而在此刻之后，可能就再也见不到他，于是那瞬间的眼神掠过，也就应当珍惜。

不论在德国的莱茵河、日本的山中湖、中国的

长江，每当船过，总看见岸边的孩子向船上的人挥手。有些偏远的地区，孩子们甚至会沿着河岸追着船跑，然后在再也跑不动时，站定身子，双手交叉地挥舞。

那挥手，是打个见面的招呼，抑或道一声离别珍重？

两者不是都有吗？见面的一刻，就是离别的时分。

问题是哪一次相见不代表别离？最起码生聚之后，就有了死别！于是中间的相聚，不论久暂，终是个“缘”。

去年秋天在有熊氏画廊展览，一张画被人折起来藏在风衣里偷出去，追回来已经皱得不成样子。

接着来了一位女士，居然一眼就看上这幅画，订了下来。

“这是缘！”她说，“我年轻时有一阵子几乎活不下去，只因为看了您一篇文章而豁然开朗。也是一种缘。”

画后来送去重裱了，收藏的女士还寄了张画的照片给我。每次翻到，总想起画的波折、自己动笔的偶然，以及与那位读者的笔墨因缘。

这也使我想起，有一次几个朋友去搭乘地铁，其中一人已经走到车站门口，又跑回去，把楼梯上一个横躺着的瓶子捡起来，丢进垃圾箱。

“结个善缘！”他说，“很可能有人原本会因为这瓶子摔断骨头，或造成流产。而在我这样做之后，就改变了他们的命运。所以有一天我的子孙荣发，很可能都因为这个因缘善报。同样的道理，我们不要以为随便扔一条香蕉皮没关系，实际也可能因此伤了人，结下恶缘，造成恶报，不报在自己，也报在子孙。许多人碰到接连的厄运，自忖没有作恶造孽，岂知都是自己或上一代在无意中结了恶缘。”

外国人似乎不太用“缘”这个字，但是老布什夫人芭芭拉，去年在卫斯理女子学院毕业典礼上致辞的一段话，却给我深深的感动。

她说：“在走完人生的旅程时，你绝不会因为没多通过一项考试、未多赢一场官司，或未多做一个生意而遗憾。可是，你将因为没能与丈夫、孩子、朋友或父母共度美好时光而抱憾终身！”

不知“田园将芜胡不归”的陶渊明，可有这种感动？

不知“今夜鄜州月，闺中只独看”的杜甫，可有这份感伤？

每当我七海漂泊，倦了，都想起她的那段话——

惜缘！

深情一念间

如果我没了你，我会死！

如果家没了我，家会垮！

如果你没了我，你要好好活下去！

如果你没了我

恋爱中的男女常会说:“如果我没了你……”

当他们结婚,有了孩子,那句话可能成为:“如果家没了我……”

再过几十年,孩子都大了,老伴儿也老了,死亡已经成为眼前事,那句话或将是:“如果你没了我……”

血气方刚的时候,追求的是另一半,要的常是对方的全部。那爱是炽热燃烧的火,以最大的愿望,企盼对方跟自己一起燃烧。那是一对一的,百分之百对百分之百的;那是纯的,容不得一粒沙子的掺入,容

不得第三者的干预；那是神圣的，因为它是爱，崇高的爱，不现实的爱。

但是当我们有了下一代，爱的烈焰，就变成文文的炭火。没有熏人的黑烟，没有炙人的火苗，夫妻成为守炭火的人，适时地拨一拨，适时地添些炭，适时地把自己投掷下去，只为了火要维持——只为了我们的孩子正在旁边，安详地睡着。

然后，孩子自己有了家。夜色中远远望去，他们一家家，正围着红红的炭火，相互倚靠着。剩下老两口儿前面的火，却默默地暗淡：

“我累了，不能再跟你一块儿添火，当我走后，你要好好过！如果孩子好，可以过去围他的那堆火；如果孩子不好，跟你借炭，你可要慎重，还是留些温暖给自己……”

我想，每个曾经恋爱、曾经养育，以及走向老年的人，都可能有这样的感触。

我家附近，有一栋兴工中的建筑，全新的外观，尖顶如同教堂，门前砌着不同色的石砖，堆起高高的花坛，路过的人总要发出惊叹，只是工程持续了几年都没完。

最近听说要卖，说的人笑道：“你们知道那房子的故事吗？两个热恋的情侣，决定靠自己的力量盖一栋心中的城堡，但是盖着盖着，女的撑不住了，离开了男孩，那房子是只有外壳，里面空空如也。”

“那是恋爱，不是家爱！”我心想：家爱可能没有漂亮的外壳，但里面是满的！家爱可能先会找个五脏俱全的小屋，让孩子温饱，再向外扩张。

十几年前，有一次矿坑的大灾变，事过不久，我到那里写生，看见满脸愁容的妇人，把饭盒交到丈夫手里，送丈夫一步步走向尸体才清干净的矿坑。

“小心哪！小心哪！”妇人叮咛着。

我当时觉得那“小心”像是讽刺，你叫丈夫小心，何不一手拉住他，说“换个工作，不要再下去了”呢？

但是今天，七海漂泊又漂泊，听说一次一次的空难，却又在家人不安的眼神中，登上越洋的飞机。我开始了解，生命本来就是一种责任——对家人，也对自己。

如果两人都冒险，谁去照顾孩子？

如果两个人都不出去打拼，怎么养自己的家？

以前画鸟，总觉得上帝不公平，让公鸟长得特别漂亮，又把母鸟生得那样“昏暗”。后来观察多了，知道朴素的母鸟，不容易引起注意，正有利于安全地照顾下一代。漂亮的公鸟忙忙碌碌觅食，反而担较大的风险。

我不为任何鸟叫屈，因为父母是天职，鸟如此，人更是这样。成熟的父母，考虑的绝不是自身，而是家！他们为家设想，不只想自己活着的时候，更设想家中失去自己可能造成的后果。所以我说，他们心中想的不再是“如果我没了你”，而是“如果家没了我”。

小时候常背一首儿歌：

“小小子，坐门墩儿，哭着吵着要媳妇儿。要媳妇儿干吗啊？点灯说话儿，关灯做伴儿！”

那时候对“说话儿”，还能了解。至于“做伴儿”，就有些抽象了。

二三十岁，在电影里又听到这首儿歌，重新咀嚼其中的意思，味道变了，变得带有几分“色情”：

“噢！原来关灯做伴儿，是办那件‘事儿’！”

但是这两年，不再年少轻狂，某日看报上谑说：“少年夫妻老来伴儿，中间不知怎么办？”又想起那首儿歌，突然有了新的感触——

以前谈恋爱时紧紧搂着走，心里想的是：“你是我的！”

而今出去买东西，过街时拉着走，心里想的是：“你腿不好，别一软，摔了！”

我想，再过几十年，如果还能相守，颤颤悠悠扶着走，那心底泛起的应该是：

“让我们好好活着，彼此做个伴儿！”

如果我没了你，我会死！

如果家没了我，家会垮！

如果你没了我，你要好好活下去！

这就是爱的三种境界。

悲喜一念间

每一种爱，都成为一种牵挂，

织成网子，把我们拢在其中，没有自由。

除非，

你倦了、麻木了，不再能哭，不再能笑，

不想去牵挂，不再有情！

该不该称作完满？

带儿子到云冈石窟、呼和浩特和西安游览，住在北京的小姨子也就近前往，回到纽约播放途中拍摄的录像，七十多岁的老岳父目不转睛地看。

录像带播完，老人家叹口气：“老三瘦了！”

“爸爸专注意三妹。”妻吃醋地说。

“你在眼前，她最远！”老人家慢慢站起身，以很缓很缓的步子进去睡了。

在台北，去拜望一位朋友的老母亲，前几天才通过电话，进门却得知老太太已经于前一晚直飞美国。

“孙子病了！”朋友说。

“哪一个？”

“一个在洛杉矶，一个在华府，碰巧都病了，华府的孙子病得奇怪，所以老人家先赶到那儿去。”朋友摇头，“行前老人家直掉眼泪……”

“为什么？”

“舍不下这儿的孙女！”

妻的小幺妹连生两个，老二还未断奶，又有了。打电话来，说家里的房间小，希望能带孩子过来，在大一点的地方爬爬。

夜深了，大孩子仍在玩耍，幺妹抱着十个月大的儿子，站在客厅一角。角落暗，灰灰的一幢影子，规则地左右摇摆着，眼睛望着前面，却没有焦点，仿佛进入一种沉思，又或浸在一片母爱之中。只是想到她过去主持三台联播晚会的意兴风发，获得全省美展冠军的才情万丈，以及她初来纽约，每次风雪中连跑带跳进门后的笑声——

我有些茫然。

一位同事的父亲死了，她九十岁的母亲也参加了丧礼，平静得像是不曾发生什么事。

她确实不知发生了什么事，因为年老痴呆，已经使她多年来只有“形体存活”，心灵早已死亡，连照顾她的丈夫都不认得。

“自从她的痴呆状况恶化，身体反而健康了，血压、血糖、血脂比我们都正常，医生说她最少还能活五年。”女婿说，“人没了爱恨，当然健康。丈夫死了都能不伤悲，何等完满的境界！”

多么令人震惊的一句话啊！

没了爱恨，多么完满！

只是没了爱恨又怎么称得上人生？它是否如同无忧的人，既不知忧是何物，也该没有忘忧的喜悦，以及解忧的奋斗？

我是见过一些看来没有爱恨的，不是因为痴呆遗忘，更非从不去爱恨，而是由于爱恨得太多了……

多年前，在座谈会上遇到一位知名的艺术家，他是知名，但因人知而知，不是求人知而知。即使在短短的座谈中，也可以看出他那种淡泊的趣味。

那不是潇洒，实在也不是淡泊，而是一种萧散，甚至有些萧索。

表情是没有的，有，也是一闪而过，像张白纸，抖一下，又恢复了平，恢复了白。

他不坚持，也似乎坚持，但坚持只是他自己，别人同不同意，看来都是天外事。

后来有朋友对我说：

他唯一的一对双生女儿，花样年华，到朋友家做客，仆人发了疯，全丧生了。从此，他一下子决意于仕途，放弃摆在眼前的名利，成了艺术家。

每次我看他的作品，都有一种特殊的感动，都觉得见到他的脸，像一张白纸，带几分萧索。

到北京堂哥家做客，他神秘兮兮地从棉被里掏出一架录像机，又赶紧放了回去：

“怕被偷！”

“那怎么看呢？总得有声音吧！”

“不出声！”堂哥在唇上比个手势，“隔这层窗纸，就是别人家。曾经，天天听女的在那边哭，嗷嗷地哀号，我们讲话都不敢出声，连哭两星期，死了！”

他们一家都笑了。

我怔住，不知该笑还是该哭。

堂哥家，我去了太多次，一次比一次伤心。不是伤他们的伤心，而是伤他们的不伤心：

多少平静的脸，爬满了沧桑，横着皱纹，如同中国横着的川流，我常想，当那些眼睛流出泪水的时候，那泪水，要经过多少层波折，才会落下？

抑或那横着的干河，就会把泪水吸收？

哭了有再哭的时候。

笑了有再笑的时候。

每一种爱，都成为一种牵挂，织成网子，把我们拢在其中，没有自由。

除非，你倦了、麻木了，不再能哭，不再能笑，不想去牵挂，不再有情！

于是你可以活得很好，比健康人还健康。

只是我不知。

这该不该称为一种“完满”？

从泥泞中站起来

到台北的朋友家做客，才下车，就看见墙角伸出的昙花。或许因为临马路，空气污染，尘沙又大，叶子像涂了层泥，只是叶缘上伸出一个饱满的花苞，似乎就要开了。

深夜，告辞出来，才推开房门，扑面一阵香。

昙花开了！一丛花在小院角落，同时绽放了九朵，加上墙外的，恰是十全十美。

“从来不理它，只是房朝南，太阳好。”朋友说。

几天后回到纽约，听说家里十三岁的昙花也开了，可惜不过两朵。

“或许阳光不够。”想起朋友的话，便招儿子帮忙抬到院子，又喷水洗一遍：“这叫花浴，别看它在屋里，表面虽没有泥，却薄薄蒙了一层灰尘。”

七月的阳光，很亮，很透，我想晒几天，一定也能开上十朵，毕竟直接晒，要比隔着玻璃有用。

只是，才两天，叶子产生了奇怪的变化，居然仿佛霜害似的，有了一块块萎缩的现象，赶紧撤回室内，非但未开花，反而焦黄了一半。

“阳光太烈，受不了。”母亲说，“你摸摸叶子晒得多烫。”

“家乡的太阳更烈。”我说，但是又想，是否长久留在温暖的室内，已经使这花受不得外面的冬寒与夏溽。

十三年前，我把一茎昙花插在口袋里带出来，就是眼前这盆。先是十年未开花，而今虽开了，却可能已不同于往日的花。

正是不一样的环境，创造不一样的命运，也制造不一样的英雄。

有一天坐在台北的出租车上，看到一群小朋友，正从校门里冲出来。我说："多可爱的小孩啊！未来就靠他们了。"

"我不这么想！"出租车驾驶员居然苦笑，"竞争这么激烈，社会这么乱，他们的未来真可怕，不知会出现多少强盗、多少奸商、多少风尘女郎……"

多么令人惊心的话啊！居然从另外一个角度，提出如此悲观的看法。

今年经过台北家门附近的运动场，看见一个老婆婆在跑道上，跑得上气不接下气，再往前看，就在一群大孩子的脚踏车阵中，居然有个小小的影子，腿伸不长，只能踩到踏板的一半，那小孩居然左右脚半蹬半蹬地将车控制得丝毫不差。

当她停下时，我问她几岁，小娃娃举一根手指，阿妈帮着说:“一岁九个月！从一岁半就能在屋子里骑着穿来穿去了。”

我看看那个应该给五六岁小孩骑的车子，想起自己在纽约的女儿，两岁半，才能骑低低的三轮塑胶车。

走出公园，我的情绪很乱，那娃娃如水的眼神和骑车时的全神贯注、不服输的样子，令我至今难忘。

也就是今天，当我在纽约以湿布擦拭昙花的灰尘时，再想起这许许多多，想到朋友院角那株可怜的昙花，上面一层泥，以及夜半盛开的十朵灿烂之花。

我同情家乡的孩子，但对他们充满信心与盼望！

残破的美好

春之花

小时候，看喻仲林老师画的芍药，上面题了两句诗“多谢化工怜寂寞，尚留芍药殿春风”，当时觉得似懂非懂。

后来，自己种了牡丹和芍药，才渐渐了解那诗的意思。

在纽约，牡丹多半五月开花，“花中之王”确实不同凡响，非但团圆饱满，而且香气四溢。

那是一种冷香，像昙花和野姜花般，冷冷袭人。配上端丽的花容，就愈发有情韵了。

画了多年，我深深感觉到，牡丹绝非庸俗的富贵，而是一种冷艳。

牡丹虽美，可惜花期不长，尤其不耐风雨。当一夜雨疏风骤，晨起推窗，昨日繁华的小园，就突然变得零落。

走到花前，真是“绿肥红瘦”，花瓣一把把厚厚地掉在地上，每一瓣都还是那么完美，也还是那么冷艳，真给人一种黛玉早逝的感伤。

在这伤逝情怀中，所幸还有芍药，正郁郁地从春雨中冒出来。块根的植物如同储蓄存款，因前期存的养分多，长得也快。没多久，从茎叶之间探出花苞，前两天看来还只像个大弹珠，突然间苞片裂开，花瓣爆发一样伸展出来，竟团簇如牡丹一般。

芍药是草本，成堆聚集着，花期长，花也多。加上那时春天深了，樱花、鸢尾、辛夷、风信子和郁金香早已消失，艳阳下成片的芍药，愈是亮丽突出。

所以，“多谢化工怜寂寞，尚留芍药殿春风”！

前两日风大，摧折了一枝小小的花蕾，它是那么小，仿佛才成形，算计着怎么也不可能开花。只是怜惜它，仍然插进小瓶，置在窗前。

今早，走进书房，觉得一股幽香，斜斜的阳光下，居然有一朵袖珍之花，娉娉婷婷地绽放了。

如同一个穿蓬松裙子的小天使，站在我的窗前。

我轻轻托起这虽然只有成花十几分之一大的小花，端详它那完美的花容，不免有许多感触。

我想：

它们是否承接了上天赋予的使命，或自己有种激昂的本能，拼命去完成？

花蕾是为花开，只要有一点点可能，它都得

绽放！

只要能绽放，就算短短的一刻，也便不负此生！

夏之果

每年暑假回国，最乐的事情之一，就是赶上杧果的季节。

我尤其爱那种黄红娇艳、散发着浓浓香味的大杧果。削皮切成小块，冰冻之后，真是滑溜爽口，入嘴即化。

有一天经过水果摊，杧果卖完了，正失望间，熟识的老板娘笑道:“只有两个畸形怪物，我先留了下来，你要不要？”

“怪物？水果也有怪物？”

她笑盈盈，又神秘兮兮地，从摊子下掏出两个大杧果:“好像长了小鸡鸡，你看！”

果然，那两个杧果的一头，各伸出一个长长的东西，上面又各有一条已经痊愈的疤痕。想必是受到伤害，自行愈合时造成的变化。

我毫不犹豫地买下，捧回家。在晕黄的灯光下，它们的色彩更丰富而饱满，如同印石极品——“橘皮田黄”一般。

我把它们放在蓝色的丝巾上，看来像煞一对情深的鸳鸯，长长弯弯的颈，丰厚的胸，尖尖的嘴，还有圆圆的尾巴。果皮上点点的黄斑纹，则成为羽毛的花饰。

我平生没吃过那么好的杧果，它已超越了香甜，而是丰实与完美。

从伤痛中自我愈合，而又站起的，不论人或果实，都多一分“滋味”！比完美来得更完美！

秋之实

曾在迪士尼乐园“未来世界”的“地球馆”见过一棵特大的番茄树。

那确实是棵树，如伞般伸展着枝叶，挂着成串的番茄。导游说那树一年可结果十二个月，真令人难以置信。

种番茄，我是行家。小时候家里失火，整个院子成为废墟，母亲和我在前院搭了间草房，活动的空间，也就限于草房和前门之间。

院子里长满杂草，没被烧死的花依旧按时绽放。只是隔着断垣，上面随时有残柱倾倒的危险，只好远远欣赏那些花。

直到有一天，不小心把球丢到后院，才不得不过去捡。

一个令人惊喜的画面呈现了，在断墙间，居然长出好多棵番茄树，而且正在开花，有的则已经结实了。

番茄很红，有的因过度成熟而裂了开来，正因此，使我尝到未曾有过的甜美。我心想：莫不是墙里的土，因掺有稻草，而特别肥？抑或烧成焦炭的木头，也能变成“草木灰”般的肥料？

那是我生平第一次摘番茄，在凄楚悲凉间，有了丰收的欣喜。

真正自己种番茄，是在旅美之后。先是去花店买育好的番茄苗，后来则由母亲拣最大的果实，留取种子培育。

每年秋天，窗台上总放着一个小盒，里面垫着卫生纸，纸上排列着番茄种子。母亲常用小指甲翻动那些种子，喃喃地说：“看，这籽儿多大，以后结的绝对小不了！”

那时候窗外的番茄可能还在结实，只是一入秋，就黄了；由最下面开始枯，每寒一日，便凋零许多。

母亲总会拣个中秋的日子，把未红的番茄全摘下来，说这是“拉秧”的番茄，勉强可吃。

今年拉秧时，她留了几颗非常小的，说是太不值得摘。岂知时过暮秋，西风凋碧树，番茄的枝叶也变

为焦黑，那小小的番茄居然红了，而且娇艳欲滴。

冷风里，它们摇摆着，坚持着不凋落，竟成为萧索景物中最美的颜色！

冬之草

每年早春，我都种小白菜。

先把土铲松、抚平，将种子撒下去。再用细竹耙轻轻在地表耙一遍，种子被泥土覆盖，就不怕小鸟啄食了。

去年天气特殊，秋收之后，居然又变得暖和起来，心想让园子荒着可惜，便拿出春天剩下的小白菜种子撒下。

岂知才播种没几天，又冷起来，而且一下子入了冬，再也未曾暖和。飘了雪，惋惜一阵，也就把这事给遗忘了。

直到今天，这个暮冬的日子，穿着雪鞋到后园检视篱墙，厚厚的冰雪初融，露出下面封闭已久的地表，居然透出点点绿意。

一棵棵袖珍的小白菜，只长出两三片子叶，在叶片间，竟伸出小小的花苞，露出里面黄色的花瓣，眼看就要绽放了。

这是多么令人感动的画面！

难道过去的大半个冬天，它们一直忍着不死，等待每个稍稍温暖的日子，就向下扎一点点根，往上生一点点叶？

它们委屈在冰雪之下，保存这一线生机，就为了绽放、结籽，并等待春天再一次地萌发？

“自己见不到春天，就让孩子见到吧！自己矮小丑陋，就让孩子高大体面吧！”

我看到的不是卑微的小白菜，而是崇高的母爱，在冰雪中灿烂开花……

笑到心深处

许多人羡慕我年过四十，脸上却没什么皱纹。

其实我的皱纹比谁都来得早，只是不在眼角、不在额头，而在嘴的两边，是“笑纹”！

初中二年级，小男生像是刚学“打鸣”的小公鸡，开始注意女生，也开始注意自己。好几个同学居然一起笑我，嘴角有好深的纹，而且因为咀嚼偏在一侧，笑的时候嘴是歪的，那笑纹也就有一条特别明显。

笑嘻嘻时照的相片，如果从脸中间折成两半，左看右看，一边大笑、一边不笑，简直判若两人。

自那以后，我就忍着不笑；忍不住时，则拿手指紧紧压住嘴角，久而久之，竟练出“皮不笑，肉也不笑”、笑在里面的功夫。

笑在里面，有个形容词，是“忍俊”。而忍俊是门大学问，因为忍得不好会岔了气、闪了腰。至于我忍俊的方法，则是尽量把声音放出来，哈哈哈哈几声过去，气用光了，笑自然止住。

我渐渐发现，放声大笑的人似乎嘴角都不怎么弯，那嘴角弯到耳边的，反倒笑声小。只是读国外的研究报告，说大声笑的人，实在不见得真开心，愈是笑得豪放，心里可能愈空虚。我开始检讨，自己的笑里有多少真值得笑的事？

大学时代醉心演舞台剧，导演说“笑比哭难”，我便常“对壁练笑”。起初只能发出哈哈两三声，后来提足丹田之气，竟能发出连续十几声的狂笑，颇以有职业演员的功力自得，也居然得了话剧的“金鼎奖”。

只是，大学毕业那年，演张晓风女士编的舞台剧《武陵人》，我演渔夫，中间有一段误入桃花源，跟桃花美女醉饮之后大笑的情节，我正打算“发挥所长”，导演却说：不必笑得太过，这种笑不对渔人的身份。他笑得并不是真开心，只怕笑中该有些哭的意思，哭自己将要离开桃花源，回到外面纷乱的人世。

于是，我开始想，原来笑与哭竟然是邻居。哭疯了狂笑，喜极了哭泣。只是，哪一阵笑之后不是平静？哪个平静中，又没有不堪回味的悲凉？

大学时认识个女生，喜欢笑。众里寻她不用千百度，只要听那笑，就能找得着。

她的笑，先是一声、两声、三声，然后像打散了珠子似的，一长串！由于声音脆，就有点像金丝雀了。

到她家，才知道原来她一家人都那么笑，只是当他们笑成一团的时候，不再像金丝雀，像群火鸡！

后来，看电影《阿玛迪斯》，发现音乐神童莫扎特笑的方法居然跟那女生一样。戏虽是演的，既然用那么特殊的笑法，一定有根据。所以我相信莫扎特活着的时候，必然真是那么“成串”地大笑。

后来跟学心理学的朋友提起，他说那种笑，常不是真高兴，倒能用来作为宣泄澎湃情绪的方法。又讲：这种人比较神经质，但常绝顶聪明。

当然，笑不出声的也能绝顶聪明。譬如黄君璧先生，就很少笑出声。尤其仙逝前几年，总是以嘴形来笑。九十多岁的老人，把嘴角一直弯、一直弯，弯得好长，没听到声音，却如沐春风。

可见笑能够不透过声音，却通过心，把浓浓的情传递出去，笑在心里，即使只弯弯嘴角，也比大笑、狂笑、成串的金丝雀笑，更引人喜悦。

自从有了小女儿，愈发体会这些，看着小东西，不由得从心底泛滥出“化不开的”爱意。又怕一贯的大声笑，会惊动小丫头，只好忍着不出声，却忍不住眉头、眼角、嘴边的笑。且是持续地，一直一直地笑。

所以我对小丫头说：

“老子练了几十年皮肉不笑的功夫，被你破了！”

生死一念间

/

你安心地走吧！

别挂念活着的，

我们不哭，以歌声送你远行！

歌　丧

畲族民俗里，最使人讶异的是“歌丧”！

死讯传来，成群的亲友身穿白色的衣服，头缠白色的罗帕，围坐在死者的身边歌唱。

四周的人愈来愈多，歌声愈来愈响，没有人哭，只有歌，把哭声化为歌，驱走恶魔，护送死者的灵魂平安往生，告诉死去的人：

你安心地走吧！别挂念活着的，我们不哭，以歌声送你远行！

这不是挽歌，是骊歌！

读道教书籍，最玄奥难懂的，是其中的“尸解”。

死者的遗体明明在床上，却说那是死者升仙之后，故意用一把剑或一支杖，化身为自己的尸体，真人并没有死，反而成为能遨游天上人间的神仙。

道经上又说，服食丹药而尸解的人，可以易名改姓，回到故乡。所以活着的人不必对着尸体哀哭，说不定尸体是剑变成的，真人正站在你的身边。

于是也就不难了解唐朝的太宗、宪宗、穆宗、敬宗、武宗、宣宗，都可能因为吃丹药中毒而死，炼丹的道士，却没有因而被杀的道理。

很简单，皇帝不是中毒死了，而是“尸解升仙”。

“乘彼白云，至于帝乡。”这是多么完美的结局！

美国有个医学研究中心，招募了一群患绝症的病人为会员，只要缴纳五十万美元，就能获得重生的机会。

办法是，在断气之前，把“身体”送进钢槽，快速冷冻到零下四十摄氏度。有朝一日，科学进步到能治好这种绝症时，再解冻、治疗、复生！

那个医学中心已经存了上百具“冷冻身体”，据说被冷冻的人，不必举行丧礼，也没有亲友哀泣，因为“他”没有死，他可能比活着的人在未来活得时间更长。

报上刊载，一位患有绝症的老人，召集亲友欢聚一堂。老人盛装坐在轮椅上，脸上扑了腮红，嘴上搽了唇膏，举起香槟，与宾客互道珍重。

然后老人送每个朋友到电梯，握手、拥抱、吻别。

老人返回房间，没有自杀，只是从此不再接见任何亲友，直到最后一天。

“何必让人看见自己最憔悴的样子？别人的同情、可怜，无法给予我任何帮助，反而给我增加心理负担。”老人说，“留给大家最好的印象，别当我死了，只想是远行！”

有一位长辈，平时嘻嘻哈哈，十分乐天的样子。惊闻他得了绝症，打电话去，仍然谈笑风生，仿佛是别人得了病。

他一日一日衰弱，一天天缩小。起初还能勉强起身送客，后来躺在床上挥手；再过些时日，只能手指动动。

他很少谈自己的病，只说精神不好，常想好好睡一下，笑道：“上辈子困死的，这辈子要补回来！”

直到断气前的那一刻，他都没有提到死，只是很弱很弱地说：“我好想睡，睡醒了再聊……”

他的亲友都没有痛哭，隔了好一阵子，彼此不解地说道：“奇怪！他死，我并没有太伤心，觉得他没死，只是睡了！”

电视上播出美国“挑战者”太空舱爆炸五周年纪念节目，无孔不入的记者，查到最机密的消息——

太空舱在火箭爆炸当时，并没有立刻解体，因为从后来海底找到的残骸里，发现椅子旁边的救生装置被拉动了。

“您对太空总署没有公布调查报告的细节，是否很不满意？”记者问殉难者的家属，“您要不要知道当时的真相？”

“不必了！就让它过去吧！”

一位要好的朋友，是位飞行军官，编队出任务时，在空中与友机相撞而失事，据说尸骨无存。

“他根本没死！”他的妻子说，“军方骗我们，说是飞机失事！”

过了两年，再见到那位遗孀，她满脸愤恨地说：

“去就去了，居然不送个消息来，太没良心了！”

又过几年，她再嫁了。有一天在街上遇到，没等我说话，她先开了口：

“我早知道他死了。”她低下头，“可是不骗自己，怎么活得下去？不去恨他，怎么把他忘掉？”

“奶奶说她老了，有一天会死掉！”三岁的小女儿，突然冒出这样的话。

“什么是死呢？”我问。

“奶奶说，死就是上天堂！”

“什么是天堂呢？”我又问。

“天，就是天上。”小丫头指指天空，“堂，我不知道。”想了想，笑起来，“啊！对了！就是巧克力糖！”

“奶奶死，你会不会哭呢？”

“奶奶上天吃巧克力糖，好好！我为什么要哭呢？”

死，不尽然可悲，不尽然可怕。

最重要的，是我们怎么去看它！

我常想起小女儿的这几句话。

我希望天堂就是那样！

百年之后

“前几天，半夜三更，隔壁来了辆救护车。”才回到纽约家门，妻就对我说，“那老先生可能活不了多久了！”接着，她不解地摇摇头，“问题是，今天早上又看见老太婆扶着他上车，还是由病恹恹的老先生开，半天之后，看他们运回一车子的花，下午已经种进院子了。”

他们的院子很美，即使隔着浓密的树丛，也能看见鲜丽的花影，从那一侧闪现出来。花都是老太婆种的，她有过人的精力，终日提着工具在院子里走来走去，或是大声喊她的猫狗和缩在阳台一角的丈夫。

我穿过树丛，跟她打招呼，也对老先生挥挥手。

“不久了！”她低声对我说，“他已经准备离开我了！”

“怎么会呢？听说他还能开车。”

“他坚持为我开车出去，却很可能会死在车上。我随时都在想，如果他一下子倒了，我该怎么把车子停下来。”她叹了口气，“唉！早该学开车，到他生病，已经晚了！”

“要不了多少时间学啊！”我说。

“可是不行，因为当他发现我学车，就会想，我在为他死之后做准备了，他还不知道自己病得有多重！”

四月初，去医院看一位老人家。

病床是空的，护士指指走廊尽头说：“到那边找找，她常喜欢让人推到窗前，往她家的方向看。”

逆光，一个白发苍苍的老人，对着窗外。走近，几乎不认识了。不过几个月未见，肺癌细胞已经蔓延到头部。面孔水肿，据说只剩一两个星期的寿命。

她拉着我的手，大热天，偎着毛毯，手却出奇的冰冷。

身后推轮椅的亲戚对我比手势，意思是别告诉她病情有多严重，接着拍拍老人：“过两天就回家整理先生留下的东西！”

老人的丈夫也才过世不久，留下惊人的财产和数不尽的艺术收藏，以及……以及许许多多的问号。

他，没留下什么遗嘱；她，也没留下。

或许他们都有太多的话要留，只是没想到，死，竟来得这么快！

到山上扫墓——我干姐姐的祭日，转眼她已经离开两年了。许久不见，山坡上又添了许多新坟，问问价钱，竟比干姐死时涨了将近一倍。

“如果您要，我可以便宜不少，比这些新坟都便宜。”墓园负责人说。

“为什么？”

“他们死了才急着买，葬仪社介绍，要赚去一票。”他突然笑了起来，“自己站着来看，总比躺平了，由家人来看，应该便宜些，对不对？何况，急着盖的墓，下雨也得赶工，好不了，不如活着做个‘寿墓’，为老婆、孩子省点事！”

我熬夜画了设计图，临出国签约买了块地。

不做穴，只左右种花，中间用花岗石砌起一座骨灰塔，里面分三层，后壁有门。人死，火化后，打开门放进去就成了。

“一家三辈都够用！”打电话告诉朋友，“人死，已经让家人慌乱，搞不好，埋在了异乡。说英语说了几十年，死了之后还得说，我不干！”

“墓地在哪儿？”朋友问，“我也订一块！”

人都怕死，但不见得都怕谈死。

“昔日戏言身后事，今朝都到眼前来。”年少时谈死，说得轻松，常作戏言。年老时谈死，就有强盗入村打劫，远远听见邻居家的门被撞破，眼看要杀入自己家中的恐惧。

所以，常见保险掮客找年轻夫妇谈，左一声“若不幸身故”，右一声“如果人死了”。也总听美国的中年朋友，找律师立遗嘱，合法减少遗产税。却难得见到那垂死却未立遗嘱的老人，有些积极的行动。

他自己避着想，别人也避而不谈。

只是要来的终归要来，人若死后有知，怕就因为留下许多憾事，而不能“平安往生”、游魂不去呢！

趁着年轻、健康，天不怕、地不怕，让我们计划计划自己的百年之后吧！

生死渡

一个在医院照顾重病老人的朋友对我说:“我不但得喂公公吃东西，还要照顾他大小便，最糟的是，当他神志不清的时候，一边大便，一边自己用手去抓，然后把手举到脸前，或许被臭味熏醒了，又突然觉得不好意思，怎么光着屁股让儿媳妇伺候，于是慌慌张张地拉被单，要把自己盖上，弄得一床都是大便……”朋友像是若有所悟地说,“我发现当人濒临死亡的时候，常就不再是一个人，他要求生，要挣扎，他成了一只动物。但是只要稍稍清醒，又立刻有了人的尊严！”

她的这段话，使我想起多年前，读到有关梁实秋先生临终报道时的震撼，当我看见梁教授最后的笔迹，颤抖得几乎不可辨认地写着“救我”“我还需要更多的氧”时，立刻想到他以前谈笑风生、豁然达观的样子。连他的遗嘱，即使流露了将逝的悲哀，仍然文笔爽利，带有几分潇洒。

怎么在生命的最后一刻，竟不再潇洒起来？

这也使我记起川端康成在《葬礼的老手》那篇文章里，写他祖父在咽最后一口气时，因为痰阻塞了气管，双手乱抓胸口的痛苦表情。旁边一位熟识的老太太不解地说：“他在世的时候像佛一样，但临终为什么这样痛苦？”

我想，不论川端或那位老太太，他们的“不解”，正像是我看到梁教授临终报道时，所有的疑惑一般。

直到在医院照顾老人的朋友，说了那段话，我终于有了领悟。

于是，我也为小时候埋藏至今的一件事，得到答案：

心灵求死与肉体的求生

初记事不久，听大人说有一位著名电台主持人，因为婚姻受到阻挠，带着女朋友一起投水寻死。结果女朋友死了，主持人却游上了岸。

当时舆论对他都有苛责，连我家里的大人们也一个劲儿地骂他不义，所以能留给我这么深的印象，我常想：“他是跳下去又后悔，还是存心把女朋友害死？”

后来到高雄玩，当地一位朋友指着“爱河”，笑道：“你晓得吗？前些时候有人跳下去自杀，立刻后悔了，是被水臭得后悔，所以打消了自杀的念头，宁愿歹活着，也不要被臭死！”

到纽约之后，又听见一个相似的新闻报道：有人在深秋跳下哈得孙河寻死，刚下水就大喊救命，上岸之后说：“好冷啊！好冷啊！这样死不舒服！”

死，居然还要求舒服！他们真是为怕臭、怕冷而打消死念吗？当然不是！正如我朋友说的那段话，濒临死亡时，人不再是人，成了一只动物，本能则是求生。寻死的念头，常禁不起这个临死挣扎的考验，那容许挣扎或改变心意的时间愈多，愈不会想死。

所以，投水寻死的人，常死于不会游水，否则多半会游上岸。如此想，那投水而死的人，在经历“动物本能”的挣扎时，将是何等的痛苦？他多半悔了，只是已经来不及。

无悔的死

当然，也有那死意坚定，就算把头扎在水缸里，也绝不抬头的人。

读历史，最感动于中日甲午战争时，中国北洋舰队“致远号”的舰长邓世昌，当他落水时，总是跟在身边的一条狗泅水过去救他，邓世昌却拼命用力，把狗头压在水里，带狗一起殉国了。

“男儿当战死疆场，以马革裹尸还故乡！”小时候背的句子，在邓世昌身上找到了答案。

这也使我想起三岛由纪夫小说中，对切腹的描述。只有切腹者本人能够用自己的双手感觉，三岛是怎么去揣测的呢？难道后来他亲自以切腹结束生命，正是想验证一下这种感觉？

只是，那痛苦中是否也有着悔恨？而悔已经来不及了！

逼死人的礼教

三岛，我不知道！只敢肯定，在中国旧礼教的社会，许多妇女被剪刀和绳子，逼上了绝路。

那些父母常是痛哭着把绳、剪交到女儿或媳妇手里，不是他们逼女儿死，是礼教逼他们逼女儿死。

无怪鲁迅要说：“这吃人的礼教！”

我常想：当那受逼的女子，对着绳子、剪刀和头顶上的屋梁，关着门窗，想门窗外正有许许多多等待的眼睛，将是什么心情？

而那许多眼睛，流露的全是同情吗？还是带有几分残酷的快感与暗暗的兴奋？

坚毅的死

这也使我想起小时候的一段亲身经历：

舅舅一位朋友的父亲，因为儿子欠下太多债务，晚上拎着一瓶米酒、一条绳子、一张小板凳，走到附近的公园。

先把绳子系在一根不高的树枝上，套在颔下，坐在小板凳上喝酒，然后把凳子一抽，半蹲半坐着吊死了。

小时候听过不少上吊的事，只有这一个让我记忆犹新。那老人，只要死前还有一分求生的欲望，站起身，就可以不死，他的死念竟是那么坚毅。

去年，三毛的死，再一次让我震撼。她活着的时候，似乎不怎么快乐，所以选择那条路，作为一个了解她的朋友，本来并不十分吃惊。只是听说她是自缢在浴室里，吊钩不高，四周也有可以攀扶的东西，便令我万分哀恸了。

多么大的痛苦？又或彼岸有多么大的吸引，使她竟能在进入动物本能的阶段时，都不再挣扎？她没有那位老先生金钱的困扰，也没有礼教的压力，更不像三岛的势成骑虎。

荣誉与群众环绕着她，每个人都希望她生，她却坚决地死了，难道是被“神光”引领而去？

死后的悔悟

十几年前，翻译了一本瑞蒙模第（Raymond A.Moody）的《死后的世界》（*Life after Life*），里面描写人死后，都先以飞快的速度，回忆一生中最重要的时刻。然后，就有一个无比温馨的“神光”出现，问：“你是不是决定死了？”如果表示自己在凡间还有丢不下的事，神光就会把灵魂推回躯体，许多人则因此复生。

但我一边翻译，一边想：如果三岛由纪夫或被砍头的犯人遇到神光，他还会不会问同样的问题？不想死，又能如何？

所以这世上没有比已经造成“死的必然”，却又后悔，来得更悲哀的事。

这种人多半已经没有悔的机会，即使悔了，能够有时间拨求救的电话，留下的却是残障的人生。

已死的存活

童年时，常跟母亲去菜市场，印象最深的，是看杀鸡。贩子把鸡抓出来，毛都不拔，斜斜对着颈子就是一刀，再把鸡头往翅膀底下一弯、一夹，扔进旁边的大木桶。

便听见那桶中噼噼啪啪，许多鸡振翅挣扎的声音……

到美国之后，看教育台一系列报道，炸西湖鲤鱼，端上桌，宾客纷纷下箸，那鱼的嘴居然一张一合，瞪着大大、黑黑的眼睛，仍然是活的！

也听人说，最好吃的烤羊腿，是拉着一只活羊的腿去烤，羊身是活的，腿却焦熟了。说者口沫横飞：“多过瘾哪！再新鲜不过！”

至于古代的腰斩，就更是残酷了！据说腰斩台前，先准备浇了桐油的铁板，一刀将犯人拦腰斩断，立刻把上半身移到铁板上。由于桐油阻挡了空气流入、血液流出，犯人还能活上片刻。

这许多已经死了的活，是何等的悲哀！怪不得以前死刑犯，在求得一个“痛快”的时候，还要千恩万谢。死的恐惧，常比死来得更可怕！

死的恐惧

多年前，韩航客机从纽约起飞，载了满满的客人，在苏联上空被击落，里面有好几位旧识都丧生了。

在华埠的一所小学礼堂，举行对华籍旅客的追悼仪式，大家举起布条，向着电视公司摄影机，表示对击落客机的不人道举动的愤怒。

愤怒早平息了，大家似乎已经把这事淡忘，我却清晰地记得，当时新闻报道中所说：

“飞机被火箭击中后，由失速下坠到解体，可能有好几分钟的时间，使那些当时还活着的乘客，遭受无比恐惧的痛苦。”

在“珍珠港事件”五十周年纪念日，电视台纷纷推出特别节目，家属也依然痛哭，而我永难忘怀的，竟是当时一位生还者所说：

“我们听到沉船中不断传来敲打船壳的声音，知道是困在其中的人求救的信号。那叮叮的敲打声，整夜持续着，但我们没有能力去救，渐渐地，声音微弱了，消失了……”

我可以想象那求救者在神志已经昏迷时，依然靠着最后一股求生力量敲打的情境，一下、一下、又一下，直到死亡。那失去生存希望的恐惧，或将有过于韩航客机的死难者吧！

死，不足惧，可惧的是对死的反省！可悲的，是已经选择死之后，又产生了悔悟。

死的尊严

如同我那朋友说的，人死有两个阶段：第一个是人的意识；第二个是动物的肉体。许多寻死的人，常用他第一个意识选择死亡，却忘了征询他肉体的意见。有些医院，看的死人多了，只把病人当动物看，却忘了他还有人的尊严！

每个人在生命的最后一刻，都将经历这两个阶段。如果能够没有悔恨、减少恐惧、得到尊严，该是何等的完满！

对错一念间

/

如果你会救，

就无所谓错误了，

错也是对！

错也是对

小时候，父亲常教我写毛笔字，每当我写到一半，对其中一笔不满意而懊恼迟疑，父亲总会安慰我：

“上一笔没写好，可以用下一笔去救。练字的人，不但要会写好，还要懂得救好。因为如果你会救，就无所谓错误了，错也是对！譬如一个人写‘太’字，第二笔写歪，别人认为没办法写好，却见他将最后两笔也改了个角度，结果不但漂亮，而且妙极了！”

父亲还说有一次康熙皇帝出巡，到了西湖，灵隐寺的住持求皇帝写幅字，康熙原想题“靈隐寺”，但落笔时不小心，将“靈”字上面的“雨”写大了，下面纸幅有限，怎么也不能把“靈”字写完，旁人都捏把冷汗，却见皇帝气定神闲，大笔一挥，改写为“雲林禅寺”。那幅字至今仍挂在西湖，大家只觉得笔飞墨舞，是幅好字，有谁会去计较那是写错之后的权宜之计呢！

我当时太小，听不懂，直到有一天父亲带我去看漫画家表演——

只见台上挂着一大张白纸，漫画家邀观众上去，随便画几笔，然后立刻根据那几笔，改成一幅画。有些观众存心找麻烦，故意东勾一圈，西画一条，大家都认为画家会被难倒，却见画家略一思索，就解决了问题。

我开始了解，这世上一般人认为错的事，不见得就是错，有些人不但能将错变为对，而且对得比别人的对还要好。

所以在中学，我试着在作画没有灵感时，把纸折皱，摊在地上看那折痕，前看，后看，左看，右看，居然能看出许多美丽的山峦和川流。

后来在大学教课，我也常将纸随便“团”一下，丢在桌上，让学生运用想象，去寻找美的造型。我发觉用这种方法创作的画，常能打破自己惯用的格式，开展出新的面貌。尤其喜爱临摹的学生，往往能因此脱离古人的窠臼。

我更发现，有时候在作画之前想要使用宣纸，不小心拿错了纸，却很可能因为纸性不同，产生许多意外的好效果，远非平日所能想见。

如此说来，那错，不也就是另一种对了吗？

最近，有位朋友得到一份新工作，但是犹疑不决，便打电话问我那选择对不对。

“让我讲个故事吧！”我说，“某人去水果摊买香瓜，一眼看见葡萄不错，价钱更合理，便改变主意买了葡萄。但是回家打开盒子，发觉葡萄很酸，又转回摊子，换成香瓜。另有个人碰到相同的情况，但是懒得回去换，顺手将葡萄扔进垃圾箱。还有个人，碰到这情形，居然把葡萄打成汁，加些糖，成为不错的葡萄饮料。他甚至想再去买些这种别人不要，而特别便宜的葡萄酿成酒呢！”

“谁的选择错了？”我问他，“可能谁都没错！但是有人及时回了头，有人什么水果也没吃，又有人将那错误变成了完美。对于有毅力、有恒心，只要认定方向，就能坚持到底的人，许多必败都成了必胜。如此说来，既然你认为那工作可以发挥，又何所谓对不对呢？”

从写毛笔字、画漫画到学国画，我深深领悟了这个由错误中寻对的道理，且用在我的生活中，经过许多坎坷、风浪，一次又一次地证明父亲的那句话：

“如果你会救，就无所谓错误了，错也是对！

爱恨一念间

人会因为有一些，而想有得更多；

也会在失去一些之后，产生完全毁灭的冲动。

只是在这“大得”“大失”与“大毁”之后，

心里是不是“大平”了呢？

完美与破碎之间

朋友结婚十多年没小孩，过四十岁，突然得了个儿子。周岁请客，看他们夫妇，嘴角都笑到了耳朵边，娃娃床四周堆满玩具，胖小子的手上居然正玩着一块玉。

“这不是你最珍贵的那块玉吗？”我吃一惊。

“是啊！”朋友笑道，“弄璋嘛！璋就是一块玉！”

“你不怕孩子把它摔碎了吗？”

“那有什么关系？正好让他知道，我对他的爱超过这块宝玉！”

“他这么小，怎么会懂？”

“那就把摔碎的玉存起来，留给他长大了以后看！”

我没再多说，只是觉得怪怪的。

同楼住的一对年轻夫妻吵架，好几层都惊动了。丈夫先把新买的电视机砸烂；太太不示弱，两三下掀掉先生心爱的一摞瓷盘子。丈夫一怔，居然冲到墙边，把价值几十万的齐白石字画扯下来撕得片片碎。

“吵架归吵架，何必砸东西呢？”当那先生事后拿着撕碎的画，问我该怎么补救时，我问。

“我要告诉她没什么稀奇的！不要说盘子了，就算祖传的字画，我也不在乎！”他居然余怒未消，“连命都可以不要！”

“命都不要，又能表示些什么呢？”

他犹豫了一下，把脸转过去，低声说:“我爱她！”

我没听懂，却又觉得懂了。

当天，花了一晚上，为他修补那张画。先把撕碎的画，背朝上放在桌面喷水，揭去原来的裱褙，再等干了之后，依照撕裂的毛边，小心地拼在一起。所幸宣纸有弹性，拉扯一番，再托上底，真是接得天衣无缝。

只是我一边接，心里一边想：是不是该留个破绽，使他们每次看到就遗憾，从悔恨当中得到教训？

不久之后，一位韩国朋友来访，听我提起裱破画的事，哈哈笑道：

“在我大田老家的隔壁，也住了这么一对冤家，家里开酱菜铺子，白天还好好的，半夜却可能大打出手。这下可热闹了！你只要听见第一声泡菜坛子落地，接下来就噼里啪啦全砸了！然后，第二天天还没亮，你准看见他们早早开了店门。”韩国朋友一拍巴掌，呵呵笑道，“他们两口子坐在门外的小板凳上。”

“还在吵吗？”我急着问。

“吵什么？忙都忙死了！太太忙着和泥，丈夫忙着补坛子！”

过香港，在机场为孩子买了一套玩具娃娃。

大概是取自“小小世界妙妙妙”的构想，一包娃娃共有八个，每人穿着不同国家的服饰，包括中国式的裙袄和日本和服。

圣诞夜，放在女儿床边，三岁的小丫头醒来发现，穿着睡衣就拿着娃娃四处“秀”：

“圣诞老人送的！一家小娃娃！”

从此便见窗台上、地毯上、枕头边，总是整整齐齐躺着一排娃娃。

有一天早上，小丫头突然大哭。奶奶、公公、婆婆则急着四处翻来翻去，原来一个娃娃不见了。

小丫头哭闹一天，停了，那一个娃娃没找着，倒是剩下的七个被她扔进了玩具箱。

“不要看！不要看！一个不见，通通不见算了！”

小丫头喊着。

她的话，使我想起三十年前：

小时候，我很喜欢集邮，因为父亲也集，自然不愁没有来源。父亲死后，十几本集邮簿，更全落在我的手上。

我记得很清楚，里面有长长的航空邮票、大张的“平等新约纪念邮票”、小张的“国父”邮票。还有抗战胜利那天，父亲在重庆排了几个小时队，才买到的纪念邮票。

那是一张白纸，上面用小邮票贴成胜利的“V”字形，再盖上抗战胜利的邮戳，据说相当珍贵。

十三岁，家里一场大火，房子成了灰烬。

我在仍然冒着烟的废墟里翻，发现最下层书架上的书，居然只烧掉外面靠“书背”的一部分，抽出来，里面还完好如初。尤其幸运的是，集邮簿也在其中。

我把烧焦的邮票取下，用刀子刮掉旁边焦黑的部分，但厚厚的一沓，竟不知该放在哪儿。

“先摆在附近施奶奶家吧！以后再拿。”母亲说。

只是几个星期之后，我去取邮票，得到的答案是：“没有啊！我不记得你存过东西在这儿。”

从那一天开始，我不再集邮。多少次在信封上看到好可爱的邮票，举起来，细细看看，苦笑一下，丢进垃圾桶。

心想：“那么多，都失去了，又何必在乎这一点点？”

“我比你失去的多上千万倍！”从上海来的二姨，在听说我的遭遇时，手上打的毛线没停，淡淡地一笑，“那时候，红卫兵把你二姨父生前留下的西装料，一件件往街上扔，堆在一块儿烧。料子太多，烧了半天都烧不完。街坊上有个‘烈属’，出来讲了话，他们才停手离开。”她又一笑，“我走过那堆衣料，看见好几块抽出来还能用，可是我没抽，反把没烧到的扔在火上，看着它烧。”

二姨停下手上的毛线针，看看四周:“你这房子是不错！但是想想你二姨，当年知道来抄家，把一沓沓的美钞往抽水马桶里扔，冲不下去，就用剪刀剪碎。有个大钻戒，是你姨父买的，足有五克拉，我先把它缝在窗帘上，接着心想如果被翻出来，命都不保，心一横，也冲进马桶！要是留着，恐怕足值一栋房子！”

看着八十岁老人平静的脸，我心想：她只比母亲小两岁，遭遇了那么多，却看来年轻不少，是不是因为早早就学会了无情，如同那静得像是深潭水一样的面容。至于无情，又会不会是在大失之后所有的顿悟？

人会因为有一些，而想有得更多；也会在失去一些之后，产生完全毁灭的冲动。只是在这“大得”“大失”与“大毁”之后，心里是不是“大平”了呢？

抑或平的是“脸”，不是“心”？

爱的进行式

“丈夫明明活得好好的，我最近却总是梦见他的灵堂。”一位朋友对我说。

我一愣。她继续自言自语地讲了下去：

“大概因为我上一个丈夫的祭日快到了！”

看我又一愣，她突然笑起来：

“糟糕，泄了自己的秘密，我以前是结过婚的。不过也难怪我不说，因为才半年，他就死了！”然后一咬牙，脸转向旁边，“我宁愿他没活过！”又狠狠加上一句，“宁愿他一家都不存在！”

我不知道该怎么答话，还是她自己长吁一口气，很慢很慢，一个字一个字地说出那个秘密：

“结婚之前，他的父母偷偷跑到我家，说他们不愿意瞒我——我的未婚夫得了血癌，医生说可能活几年，也可能活不过一年。但又不准我讲，说我未婚夫自己并不知道有这么严重。”

“你还是嫁给了他！”我说。

“对！我觉得不是他不爱我，也不是他存心欺骗，‘爱’没有错，所以我还是嫁了！然后……”她脸一仰，“没几个月，他就垮了！才半年，就死了！”她突然转过脸，瞪着我，“你知道吗？他死前居然告诉我，他自己是知道的。我问他何必告诉我他知道，他说因为他不愿意欺骗我。”

她大声干笑了几下：“根本是狗屁嘛！他明明骗了我，还说不希望骗我。可是，当时我真感动死了，猛哭猛哭，差点儿陪他去死……”

“都过去了！”我说。

“你听我说完哪！”她手一挥，接着说了下去，“他死之后，我还常去安慰他父母，可是我不去，他们不哭；一去，还没坐下，他们就哭。我也就陪着他们哭。直到有一天，我问他妈：‘为什么我一来，你们就要哭呢？’”

她的眼睛里闪着泪光：“你知道他妈说什么？她说：‘因为看到你，就让我想起我儿子！’于是我问她：‘你是不是不希望看到我？’那老太婆居然毫不考虑地说：‘是！我们不希望看到你！’从此，我就再也不去了，连一个电话都没打过，我恨他们，恨他们每个人，包括他！我也恨我父母，恨他们当时知道情况之后，为什么不阻止我嫁给他……”

“总算你现在嫁了个好丈夫。”我试着安慰她。

听到这话，她居然脸色一整：“我也怀疑我现在的丈夫，不知道他是不是也得了什么绝症。所以我总是做噩梦，总是梦见他……”

最近美国电视上报道一件医疗纠纷——

一对夫妻控告妇产科医生，在他妻子羊膜穿刺之后，明明知道胎儿不正常，却骗说没有问题。结果，生下的是个痴呆儿。

“那医生是个反堕胎的宗教狂热分子，他使我们一家生活在噩梦当中，遭受了莫大的痛苦。”丈夫接受访问时说。

这时候他的妻子，怀里正抱着那个痴呆儿，当记者转向她，她没有抬头，幽幽地说：“我恨那个医生，但是，我很爱这个孩子。”

这听来有些矛盾的故事，使我想起多年前的另一则新闻——

也是一对夫妻控告妇产科医院，在产房中把孩子弄错了，跟正好同时分娩的另外一个女人做了调换。

“你们看看我这四个孩子，三个都长得很像，也很漂亮，就这一个不像……”那对夫妻拥着四个孩子接受访问，确实有一个孩子跟他们任何人都不像。

“你们再去那一家看看，他的孩子跟我这三个亲生的，长得像极了。”做妻子的说，“而我这一个，正好像她，当然是弄错了！”

“你是希望换回来，这个去，那个回？”记者问。

那妻子突然不讲话了，嘴闭得紧紧的。

记者不得不打开僵局：“换那个你认为像你、比较漂亮的回来啊！”

那妻子一惊，霍地抬起头：“这个也不丑啊！他很聪明、很听话，我怕他换过去，那个女人会虐待他……”她不再说下去，整个身体缩成一团，颤抖的手臂，紧紧搂着一个孩子——那个她认为不是她生的孩子。

一位婚姻美满、有儿有女的妇人对我说：

“如果讲我这一生有什么遗憾，就是在年轻时拒绝了一个男人的爱，他比我大十几岁，而且是有妻子的。”

“那你当然应该拒绝。”我说。

她似乎没听到我的话，沉湎在回忆里：

“只怪我那时候初入社会，心里明明很喜欢他，可是想到道德，想到大人说的话。喔！不！在他突然拥抱我的时候，我什么也没想到，只是莫名其妙地把他推开了。接着就觉得很后悔，几个晚上没能睡好觉，希望他再约我。他是又约了我，可是恢复了以前君子之交的样子，好有礼貌，像是对他当时的莽撞表示歉意。每次吃完饭，他就急着送我回去。看车子开往我家的方向，我就好火大，有一次，下车时我狠狠摔他的车门，头也不回地走了，他就再没找过我。”

她低头数手指，又托着下巴：

“算算到现在有十六年了，大孩子都快中学毕业，我却老忘不了他，后悔当时自己的错误决定。”

“你没做错啊！”

“对！如果我当时接受他，会是一种错。但没接受，对我的心灵来说，也是一种错。我对在‘没有犯下错’！也错在‘没有接受那个错……’”

有位同事，最近总往医院跑，早上红肿着眼睛来上班，说因为胳膊疼，彻夜没法睡。

“这毛病已经不是一天了！”她说，“都怪我养的那只大狗，每天遛狗时，急着往前冲，我拉着它，老是扯直了膀子，久而久之，就出了问题。”

“不容易治吗？”我问。

“医生说慢慢就会好！”她把头压得很低，“因为我的大狗死了，不用再带它出去遛。”

“可是我现在肩膀一疼，就不能睡，就想起我的大狗……”她突然用手捂着脸，“就哭！”

我常想，这世上大多数的事情，都可以找出“是非”与“对错”。唯独爱，有那么多种滋味，有那许多纠缠不清的情怀，更有着无限的因果与矛盾。

爱，无所谓对错。它只是发生，只是遭遇！

歌舞幽灵

看到悬空寺，使我惊讶中国建筑之奇。

看到万里长城，使我感动于它的工程之大。

看到曾侯乙墓出土的编钟，使我震惊于它的精确。

好比听见隔壁每天朝九晚五的工程师，有一天引吭高歌，唱得一口圆润的嗓音，唱完一曲歌剧般的惊讶。

当我走进湖北省博物馆，看见那在厚玻璃房子里，分为三层两架悬挂的编钟时，我真是呆住了。

那编钟的架子由六个铜人托着，最上面一排是

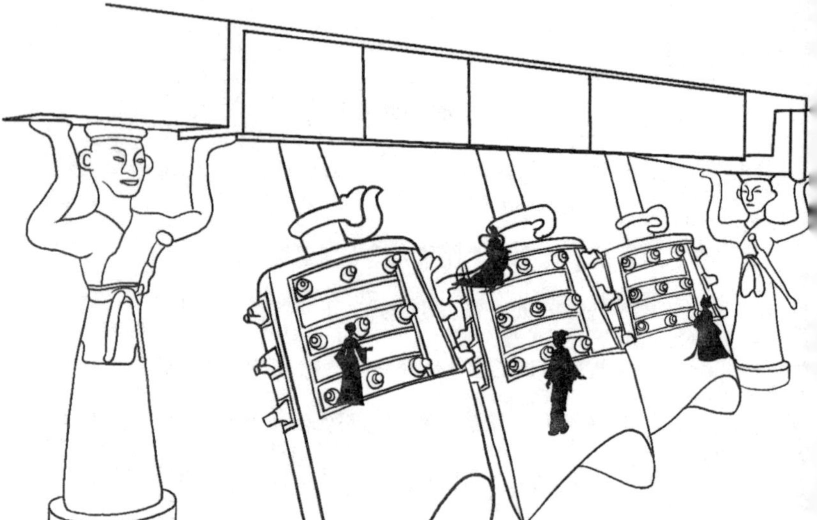

十九个像大铃铛似的“纽钟”，下面由小而大地分成三排，到最下层特大号的钟，已经如同古庙前面钟楼里挂的一样。

再细看就更惊人了，居然每个钟上都标明了所发出的音阶，以及跟当时其他国家音律的关系。

编钟旁挂着三十二件石头做成的编磬，也都刻着字，标明它的发音。

除此之外，同时展出许多琴、瑟、笙、笛、排箫和建鼓（特大的鼓），都是从曾侯乙墓里挖出来的。

曾侯乙是一个多么醉心音乐的人哪！他的墓里埋了这么了不得的东西。但也多么糟糕地碰上像曾侯乙这样爱音乐的“霸主”——

在他的墓里，居然发现了二十一个年轻女孩的尸体，想必是演奏这些乐器的人。

花样年华的少女啊！

都是父母的掌珠，或某些男孩子的恋人！

我真是难以想象，当她们知道自己将被殉葬时，是何等的感伤！抑或她们在不知不觉中被毒死之后，才被埋葬？

许多人喜欢把自己的悲剧，强加在别人的喜剧上面。

许多人喜欢使自己的命运，成为别人的命运。

自己不能抗拒的，是天！

别人不敢抗拒的，是自己！

一个朋友在听说同班飞机有位政要的时候说：

“我原来是怕飞行的，但是知道有某人在，就心安了！如果连他都掉下去，我又有什么好遗憾的！”

我听了真是哭笑不得，这是什么时代了？难道对于生命，还因为人的不同，而有不同价值的评断吗？

两个人站在一起，学问高的、名气大的人，难道生命就比较尊贵吗？

我的死，就是我的死，不因没有别人同死，而孤独。也不必因为大家一起死，而感觉泰然，否则就是有了殉死的观念。

小时候，一位长辈过世，母亲带我参加丧礼回来，感慨地说:“看！他的小儿子哭得最伤心，因为哥哥们都成年，父亲死了影响不大，只有小儿子还在念书。”

我当时想：难道成年了，父母的死，在意义上就不一样了吗？那小儿子是哭父亲，还是哭他自己？

某日读中国妇女史论文，记载古时有位官员，在危急的时候自己先找好藏身的地方，然后叫他妻子自杀，妻子抱着幼儿在楼上哭，做丈夫的在楼下催，急得走过来走过去……

一边读，我一边想那丈夫的样子，牙齿痒痒，觉得这男人真是太“毒”了，自己求生的同时，只为不能带妻子，居然要她死。

博物馆里展示着发掘曾侯乙墓的照片，左右墓穴里躺着少女们的骨骸。墓很深，考古学家对这个发现兴奋不已，世界各国的学者都把注意力放在那伟大的乐器之上。

生命是无价的吗？抑或只是微不足道的沧海一粟？

看着那伟大的钟、磬、琴、瑟，我仿佛见到二十一位少女的魂魄。

两百一十只纤纤柔荑，翩翩起舞……

都是人子

“我瞄准，扣扳机，然后就看见敌人无声地倒下，是的！那是无声！对我们双方都如此，因为距离远，他倒下的声音我听不见，而子弹飞得比声音快，只怕他还没听到枪响，就已经死亡。”一个狙击手说。

“当我扣扳机时，不会去想对方是‘人家的儿子’或‘孩子的父亲’，他只是一个‘目标’！”另一位狙击手说。

飞机还没停定，飞行员已经在里面竖起了大拇指，又把拇指转朝下方，大家都笑了起来。记者赶到机旁采访：

“当你命中目标时，会不会曾有罪恶感？”

“不会！那是我的任务。”飞行员说，“我只会想，这将减少我弟兄的死伤！”

在短短十五分钟的整补时间里，辛娣从一架 A-10 型战机上取下空弹箱，她的丈夫艾伦·席克森立刻装上新的弹药。

“这真是桩奇怪的婚姻，同营却不能同床。每天十二个小时并肩工作之后，各回各的营房。”席克森夫妇异口同声地说。他们是在美国的空军基地认识的，结婚不过一年。

“唯一希望的是，今年情人节，我们能一起为飞机挂上炸弹！”

这是他们共同的期望，作为情人节的庆祝。

巴格达疑似军事指挥中心的建筑被命中了，特制的炸弹是在穿透几米厚的钢筋水泥之后，才爆炸。

救援人员对着炸开的深洞，往里面喷水，火不扑灭是无法下去救的。

尸体一具具被拖出来，排在地上，盖着一张张花毛毯，有些毯子很小，下面的尸体也小，露出小小的手。

大批男人跑来认尸，捶打着自己的胸脯哀号：

“为了安全，每天傍晚，我就把老婆和孩子送到这座掩体里，早上再接她们出来，怎知反而害了她们……”

记者张雅琴到伊拉克采访，进入一户民宅，拍了他们家中的摆饰和生活情况。

采访播出，我正在台北的一个朋友家里做客。

“他们过得跟我们差不多嘛！”女主人说。

“他们也有小孩！”朋友上幼儿园的孩子说。

“他们也有父母，父母也爱他们的孩子！”我说。

“现在的课愈来愈难教。”太太一进门就抱怨。

虽然是十三年前的事，我却记得很清楚，当时我问：“为什么难教呢？”

“因为学生会问一些我答不上的问题。”妻说，“尤其是陈若曦的文章发表之后。譬如今天有个学生冷不防地问：‘老师，为什么《耿尔在北京》里写到祖国大陆同胞吃涮羊肉火锅，又说耿尔去买了巧克力、湖南腊肉和广式香肠？’另一个学生则问：‘他们是不是也有新衣服穿？’又有个学生举手：‘他们爸爸妈妈和孩子好像也住一块儿呢！’”

“你可以答：‘不住一块儿，怎么会有小孩啊？’”我说。

“那表示他们也有天伦之乐了？”

三十年了，从家乡到美国，看了许多人世的浮沉与兴衰，报道了许多一手消息，也看到那消息的背后。还是妻说得妙：

“你注意一下，同样由老人家带大的孩子，如果那孩子总说爸爸辛苦，必然是祖父母带的；假使总说妈妈辛苦，一定是外公外婆带大的。”

教育的力量是多么大啊！人的心是多么小啊！

一双眼长在前面，无怪乎常见不到后面的东西。

便有那聪明人教我们看，看他们希望我们看到的。

谁不是从出生，就开始接受指导，用他家族的眼、父母的眼、社会的眼、领导者的眼，来看这个世界？

没有真正的对，也没有绝对的错。如果说错，错的是那个身处的环境，而环境是难以改变的。

于是，我们只有用那注定了的观点，去否定敌人的观点，并为我们的爱，摧毁别人的爱。

还记得赵滋藩先生在《宋王台畔》那首诗里的一

句话：

“误尽苍生的终究是权力之争！”

波斯湾战争结束了。

电视上播出一辆辆被摧毁的坦克，如同非洲原野上因象牙而丧生的大象尸体。

“那些坦克车里，原来大概也有人吧！”我八十岁的老母说道。

“只怕现在还在里面。”

“都是人子啊！”

“都是人子！”

得失一念间

/

从那天起，每当我有所失，

或跟妻子有什么不愉快，都想到我的四姨父，

回忆起他立刻归于平静的面容和淡淡的语气……

无 价

苏富比在台北举行艺术品拍卖会，一张廖继春不到三尺宽的风景油画，居然卖了七百零四万元。另一幅不过两尺半的静物，也以五百九十四万元成交。

两张画都是1970年的作品，那时候我正念师大美术系三年级，廖老师则在系里执教。

他说话不多，但笔下说得多，尤其是色彩，好丰富、好鲜丽、好大胆，在那个当时还很拘谨的社会，他已经在画布上“解禁”了，解的不是政治，是心灵！一种肆无忌惮的心灵，奔着、跑着、喊着，从画面里跳出来。

系办公室里挂了一幅他的画，我常在前面驻足。觉得有一种做梦的感觉，好多好多幻想的色彩，使我想起小时候看洋杂志，里面印的水果沙拉。又像万花筒，那么缤纷亮丽。

我姨父也有一张廖老师的画。他真幸运！虽然并不富有，但廖老师生前和他十分投缘，所以慨赠一幅，而且是精品。

“如果姨父知道最少现值五百万元，一定高兴极了。”我想，“那幅画必定会从小书房一角，被移进客厅供着。说不定还特别装盏投光灯，保个窃盗险呢！”

拍卖会的第三天，我就跑到姨父家。姨母忙着在厨房为我准备她得意的“打卤面”，姨父则正招呼另一位访客。

令我意外的是廖老师的画，并没被“请”出来。我往书房里张望，只见墙边斜靠着一张清代的古画，并没我要找的东西。

访客走了。我赶过去问：

“姨父，您收藏的那张廖继春的油画呢？”

“没了！”

“卖了吗？现值最少五百万呢！”

姨父一怔，抬头倾耳。

“苏富比刚拍卖的价钱，而且都不如您的那张。”我上前一步说。

“哦！”他把头低回去，“你四姨拿到后院搁着，下雨，烂掉，扔了！”

我的嘴张大了。他突然拍拍我，小声地说：

“别讲！别讲！别告诉你四姨，免得她伤心！”

从那天起，每当我有所失，或跟妻子有什么不愉快，都想到我的四姨父，回忆起他立刻归于平静的面容和淡淡的语气：

“已经没了，又何必去计较。”

生爱一念间

/

如果人类的母亲，也能这样，

在战乱灾荒的年月，把受孕的“爱”深藏起来，

带着逃难流离，

直到安适的环境，才让孩子降生，该有多好？

在等待的妈妈

我会学鸡叫，不但能模仿大公鸡司晨，还会装初“打鸣”的小公鸡。

记忆中最清楚的，是尾巴毛还短、翅膀都没长全的小公鸡，伸着颈子、拍着两翼、踮着脚、铆足了劲儿，才能喊出一两个单音的样子。

渐渐地，单音增多了。有一天清晨，挺着丰实光亮的胸羽、抖着朱红的鸡冠，向前虎虎地迈上几步，突然仰首，把那许多单音连成一串：

喔喔喔喔喔……

小公鸡向所有的母鸡宣告，它是大公鸡了！

我也会学母鸡叫，母鸡不像公鸡有“一鸣天下白”的架势，但在生蛋之后，别有一番叫法。

那许多短音连着长音，反复又反复的叫法，必定有四处报喜的意思，告诉大家：“我又生了一个蛋！”

不过我想，母鸡未免太笨了，昨天下的蛋，才被我偷走，今天何不记取教训，沉默是金呢？

或许它总是兴奋得忍不住吧！

于是，一听它这么叫，我就跳下椅子，穿上木屐，冲到屋外，再钻进日式房子的下面。果然，有个粉红色的小蛋等在那儿。拿到手上，还热着呢！

我不知道母鸡会不会伤心，只确定它是很有毅力的。昨天的蛋被偷了，今天再下一个。今天的蛋不见了，明天再下一个。直到——

有一天，它突然不再生蛋，两眼发直地坐在地上。

把它赶起来，没一下子，又坐了回去。

“它是要抱窝了！”母亲说。

可是它一个蛋也没留下，抱什么窝呢？难道它是因为伤心过度，静坐绝食，表示抗议吗？

“不要瞎猜！”母亲端来一盆冷水，放在树下，再把母鸡抓来，用绳子绑在树上，让它的两脚在冷水里，怎么逃也逃不出去。

“冷水激一激，清醒了，忘记抱窝这件事，就又会下蛋了。”母亲说。

果然，没多久，它又开始进食，生蛋，报喜。

只是我永远无法忘记，深夜从窗子望出去，那母鸡孤零零地站在冷水中发抖的样子……

看《国家野生物》杂志的插图，一只澳大利亚塔斯梅尼亚（Tasmania）的袋鼠妈妈，双手抓着一枝小花，歪着头，好像在闻花香。胖胖大大的身子下面，伸出个小脑袋，一双黑黑亮亮的眼睛，正盯着另一丛植物出神。

躲在妈妈的肚子里，多温暖哪！

怀着宝宝的母亲，多满足啊！

这一幅温馨的袋鼠“母子图”马上吸引了我。再看文章的标题，也很有意思——在等待的妈妈（*Mothers In Waiting*）。

文章里说，跟人类怀胎两百八十三天不同，这世上最少有一百种以上的动物，像是蝙蝠、袋鼠、海狸、红猫熊和黄鼠狼，能够把它们怀孕的时间延长，短的只有几天，长的则能达到一年。

譬如在秋天怀孕的，明明当年秋末就可以生产，聪明的妈妈，却使“受精卵”不成长，一直等到春天最适合养育的季节，才把宝宝生下来。

于是宝宝躲过了最难熬的冬天，妈妈有足够的食物转成奶水，又使孩子能有春、夏、秋三个季节快速长大、学到谋生的技能，以应付生命中第一个寒冬。

这是上天赐给动物妈妈多么伟大的一种能力啊！如果人类的母亲，也能这样，在战乱灾荒的年月，把受孕的“爱”深藏起来，带着逃难流离，直到安适的环境，才让孩子降生，该有多好？

这也使我想起以前看的生物影片，在沙漠里有一些植物的种子，能够禁得起烧灼的阳光和无比干燥的环境，但是只要有一天，降下足够的雨水，那些种子就能在几天之间萌发、生根、茁长、开花，且结出下一代的种子。

然后，这些“植物的妈妈”就枯萎了！

电影中，我看到那些干枯的叶子，被沙漠上的焚风一吹，就像是灰烬一般碎成片片，飘得无影无踪。

但是，它们的种子落在了地上，被飞沙掩盖，等待另一个雨季的来临……

儿子已经十七岁，妻又怀了老二，近四十岁的她没怎么害喜，我却常有心跳恶心的毛病。

“这是男人妊娠现象！”心脏科的医生笑道，“很平常，太太怀孕，丈夫造成的精神官能症状，放心，没事！孩子生下就好了。”

我跑去对妇产科医生说。他笑得更厉害：

“你知道吗？有些女人，明明没怀孕，却可能又停经、又恶心、又爱吃酸东西，连肚子都一天天大起来，如果不化验，怎么看都像是怀孕，岂知是假的！”

“骗谁呢？”

“骗自己！”

院子里种了一大丛菊花，有陶渊明在东篱采的那种中国菊，有团簇如球的“金盏菊（Marigold）”，也有因为可以维持很久而得名的“百日菊（Zinnia）”。

当然，不论能维持多久，它们终归是要枯萎的。只是令我不解，为什么金盏菊和百日菊，在花开之后还能撑上一段日子，中国菊却才开完花，就整株枯黄了。

直到一位很懂园艺的朋友对我说，才恍然大悟：

“不必经过种子繁殖的，花一开完，常会死。至于金盏菊和百日菊，因为非靠种子不能传宗接代，所以总要撑到种子长成。”朋友说，“你没听最近的新闻报道吗，熊猫有断粮的可能，因为它们赖以维生的竹子都在开花。开完花，竹子就要死了！这世界上的东西很奇妙，植物和动物都一样，当它们生殖和养育的责任完成，生命也就到了尽头。”

我的小女儿原来只对大的布偶感兴趣，每天总要抱着大大软软的狗熊睡觉，搂在怀里，似乎可以替代妈妈，得到些安全感。

但是三岁生日才过，她的胃口突然改了。原本不屑一顾的“小”布偶被一个个掏了出来。

睡觉时，小布偶也被带上床，但抱法不一样，嘴里还发出奇怪的声音。

“你在尖声细气地说什么啊？”我问她。

“我在学小蓝兔子的声音，它是我女儿，在叫我妈咪！”

每天一早，小丫头更是才张眼，就对着布偶细声细气地讲话，连自己妈妈叫她，都装作没听见。

“喂！我发现你好像爱小蓝兔子，不爱妈妈了！”妻对她抱怨。

“我爱妈咪，更爱小蓝兔。”小丫头说，“小蓝兔是我女儿！”

这世上雌性的生物，似乎天生就承接着一个使命——延续她们的下一代。

她们可以假着抱窝，假开花，假性怀孕，假装做妈妈。

不论真与假，能实现或不能实现，她们总是在准备，在等待。

她们都是“在等待的妈妈”！

生与爱的使命

有个朋友，年未四十，已经生了七个孩子，大家都笑说:“这是什么时代了？还以多子多孙为贵？”连他的父母都叹气:“最重要的是把孩子教好，如果教不好，不如不生！”

朋友却有他的道理:“就算我因为孩子多，没能个个教育好，他们将来总还会结婚生子，谁敢说他们也一定教不出好孩子呢？所谓‘歹竹出好笋’，迟早生出个圣贤伟人，如同孔子的爸爸不怎么样，却能生出孔子。”朋友得意地笑笑,“所以我并不求这一代杰出，只要香火传下去，将来子孙有好的，就成了！”

还有位朋友，已经是高龄产妇，却坚持不做羊膜穿刺的检查，结果生下个痴呆儿。

消息传来，大家都有些失措，不知该怎么表现。是装不知道孩子有毛病，照常去道贺？还是不做任何表示，免得触到对方的伤处？

正犹豫，朋友居然自己拿着婴儿的照片四处报喜，而且毫不掩饰地说：“长得真可爱，只是稍稍有点毛病！”

再过不多时，她更把娃娃抱到了办公室，大家表面夸赞孩子长得好，只是窃窃私语：“光看眼神，就知道不正常。”

岂知做母亲的居然搂着孩子说：“你们有没有发现，他比别的孩子看起来快乐？这种孩子想得少、容易满足，所以特别快乐！”又像是得意地说，“这世上总有人要生这样的孩子，我分担一个，有什么不好？”

读郑板桥的《逃荒行》长诗，每次都让我感动得流泪。

诗中的男主角，灾荒中失去妻儿之后，在路边发现别人遗弃的婴儿，竟然不忍心地把孩子抱起，放在挑着的担子中，四处找妇人喂奶。

孩子在怀中咿咿出声，似乎喊爹娘，岂知被自己的父母遗弃，又被一个曾经失了子女的人抚养。

郑板桥跟着写了一首《还家行》，描写这逃荒人，在灾荒过去之后，找到自己的妻，那妇人已经嫁给别家，并生了一个正在哺乳的孩子。

当妇人听说前夫找来，心中“且喜且彷徨”，因为“大义归故夫，新夫非不良”。最后还是不得不跟着原来的丈夫走，把幼儿留给了新的丈夫。

诗里生动地描绘了当母亲把孩子放下的时候，真是心如刀割，而那婴儿也似乎知道将与生母别离，抱着妈妈的颈子不放，硬拉开之后，满脸泪水地在地上翻滚、哀号。

诗最后，写那“新夫”抱着孩子躲到邻家，背靠着大街，不忍看爱妻离开，一个人把孩子抱回家，孩子整夜哭，父亲则彻夜难眠。

每次读这首诗，我都想：后来那逃荒者虽然寻回了妻子，养育的却是路上捡到的孩子，自己在逃荒时遗弃的亲生子女，只怕也被别人收养。至于妻在外面生的孩子，必然又有了一个后娘。

这当中表现的是崇高的人性，还是上天的作弄、命运的无奈？

我们生孩子，是为了“创造宇宙继起的生命”，使无穷的将来有了无穷的希望，抑或只是承担上天交下来的一份任务？

那么是否当我们生了孩子，也就不必计较由谁养育？更扩而大之，养别人生的孩子，也算尽了一份天职？

或许那正是“不藏于己”“不必为己”，以及“不独亲其亲、子其子”的境界吧！

故乡一念间

/

小时候，父母长住的地方，是你的故乡。

成年之后，你长住的地方，是你的故乡。

老年时候，如果跟着孩子，则子女长住的地方，

是你的故乡。

死了之后，这个世界是你的故乡！

心灵的故乡

大学时候，一群来自金门、马祖的同学，办了份文艺性的刊物。

“你知道吗？我们金马旅台的学生，写的作品跟你们不同！”那刊物的主编对我说，“我们写的是另一种文学。当我们刚从金马来到台北，一下子听不到炮声了，先觉得好不习惯，再看你们歌舞升平的日子，想想自己的家乡，那种感受只怕比台北的留学生到美国，来得更强烈。”

他眼睛突然闪出光芒：“这里是祖国，却不是我多难的故乡，我觉得好彷徨！”

念研究所的时候，一个同学对我说：“我现在正写一篇有关台湾早期文学的论文，我发现那居然跟印度尼西亚、马来西亚华侨写的差不多。”

看我不懂，他又一本正经地解释：

“早期到台湾的人，只把台湾当作讨生活的地方，不把台湾当家，他们一心想着以后回唐山的老家，那种作品充满异乡的漂泊感。”

“什么时候才落土生根，把台湾当家呢？”我问。

一直到有一天，他们把家接了去，在台湾生了第二代、第三代，台湾成为子孙的故乡，才跟着子孙，认定台湾是故乡！

初到美国的时候，在旧金山认识一位老华侨，颤抖着手，拿一本美国移民史的书给我看，他指着其中一段：

“你知道早期来美的中国人，在船上受的是什么待遇吗？看看这所谓‘自由号’！上面把人像猪一样对待，又热又挤，到旧金山的时候，已经死了一百八十个中国旅客，根本是‘死神号’嘛！至于活下来的，他们好多都签了约，下船第一件事，就是拼命打工还船费，那费用常高得离谱！”

“会不会有人躲掉不还？受这种非人的待遇，可以提出控诉啊！”我说。

“没有人躲！人人会还！因为赖账的消息传回故乡，会让他一家抬不起头。”老华侨说。

“他们即使人死在这里，心也留在中国！他们靠在中国的希望和尊严活着。”

“真可怜！”

“不可怜！可怜的是那些人！”他用眼神指了指旁边的一群中国老人，“他们在中国没有活着的亲人，在这儿也没有子女。不像我！”

那时候，我是由某单位安排，接受美国博物馆的邀请，做巡回的画展和演讲。主办单位的负责人驾着私人小飞机带我一个城市又一个城市地跑。

虽然各个地方待的日子都不长，可是每次离开，我都好伤心，有两次居然落下泪来。

迄今，想到当年的多愁善感，仍觉得有些不好意思。我常想：是因为每个地方的朋友招待得太热情，使我依依不舍，还是由于一站站不断漂泊，我倦了！想要在一个地方多停些时日？

所以，我不是伤别，而是伤感于自己又将开始下一站的漂泊。

两年多后，我在纽约找到了教职，也有了固定的住所，决定把家接来。

当七十多岁的老母和妻子踏进家门，七岁的孩子兴奋地说：“爸爸的家比我们家还大呢！”

吃完饭，我径自拿着碗去厨房清洗，洗到一半，突然笑了，想到已经不再是一人生活，自己不必急着洗碗了。

只是没过多久，孩子偎在母亲怀里哭："美国不好！我们回老家吧！"

去年，接受邀请，向学校请了三年长假，为编写一个介绍中国文化的节目，而经常在海峡与大洋之间穿梭。

秋天，叶子正要红，晚霞特别美，我带着相机，请妻到海边为我拍了两张照片。送去冲洗时，我对着车窗外，觉得街景分外美。而当夜就上了飞机。

回到台北也忙昏头，几次回家错过了大门，原因是虽然每天在楼里进出，却不曾注意下面商店换了好几家。

某日，一位纽约的朋友来访，说他去了花莲，又上了垦丁，笑道：“花莲一定很像美国的‘优胜美地’，垦丁大概有些夏威夷的风情。”

“你去过优胜美地和夏威夷吗？”我问。

“没有！”

“你去过纽约州的尼亚加拉瀑布吗？”我又问。

“也没有！”

“那么我建议你去乌来看瀑布，想象那是离你家不远的尼亚加拉！”

我突然为自己不认识家门，找到合理的解释。

儿子有一天对我说：“每个国家印地图，都把自己的国土放在正中央，可是美国有极西边的夏威夷、极北边的阿拉斯加，只好把那两个地方切下来，放在美国本土的旁边。”

“当有一天，你四海漂泊，会发觉你每到一个国家，就把那里放在你心里地图的中央。然后，你漂泊久了，地图将不再是平的，而是圆的，有一个圆圆会转的地球，活在你的心中。”我说，“那时候你就不会强调这是中国食物、那是日本料理，而会觉得它们都是食物，都是人类吃的东西。如同你对待人，不会太有地域、国籍的界限，只觉得他是人，一个有人类共同本性，值得你去了解、去爱的‘人’！”

“问题是，什么地方是我的故乡呢？”儿子问。

小时候，父母长住的地方，是你的故乡。

成年之后，你长住的地方，是你的故乡。

老年时候，如果跟着孩子，则子女长住的地方，是你的故乡。

死了之后，这个世界是你的故乡！

深情一念间

/

人就这么短短一辈子，

此刻一去就再也不回的一辈子！

我们吃得下多少饭？走得了多少路？

看得完多少书？回得了几次头？

闪亮的美

每个人一生中总有些难忘的画面，那多半跟自己有着密切的关系，或出奇地不平凡。

我心里也有许多这样的画面，其中一个虽然与我毫不相干，也不特殊，却总是挥不去，甚至每次路过“曾经发生那个画面”的街口，都让我情不自禁地发出会心的一笑。

一个秋日的午后，小城车站前的圆环熙来攘往。一列火车正驶过，突然由车窗传来嘹亮的一声：

“你！漂亮的女孩！”

圆环边的一个女孩，怔了一下，露出如贝的牙齿，把头斜斜地倾向一边，长长的头发垂到一侧，绽开一朵好美好美的笑，又猛抬头，把手放在唇边亲了一下，伸平，做个吹的动作，将那片吻吹给车里的男孩。

车子远了，男孩仍伸出头，挥着手。

我知道这班车是由河头（River Head）开来的快车，在这小城是不停的。看表情，更相信那男孩和女孩并不相识。

只为了他觉得那少女很美，就拉开车窗告诉她，用喊的，使大家都听见他的颂赞。

可不是吗？圆环附近每一个人都注意到他们。每一个人都笑了，笑得好深、好深。几位白发的老太太，坐在公园的椅子上，把皱纹笑到了耳边，似乎觉得自己就是那个少女。

至于那女孩，相信也将一生难忘，多么突如其来的惊喜、多么无欲无求的赞叹、多么崇高的美的感动，

像梦一样，倏地来、倏地去，她可能根本未能看清那男孩的脸，就有了一种淡淡的离愁。

带有离愁的美，是更美的，因为只有那一瞬，灿烂光华的一瞬！

少年时读民初诗人戴望舒的《雨巷》：

撑着油纸伞，独自
彷徨在悠长，悠长
又寂寥的雨巷
我希望逢着
一个丁香一样的
结着愁怨的姑娘

后来又读到胡适之《一笑》：

十几年前，

一个人对我笑了一笑。

我当时不懂得什么，

只觉得她笑得很好。

那个人不知后来怎样了，

只是她那一笑还在，

我不但忘不了她，

还觉得她越来越可爱……

我便想，是不是早年的社会风气保守，诗人们有情也不敢明说，于是藏在心底，才有了这许多作品。岂像是现代，当天见面，看对眼，立刻就打得火热。

而在见到车站圆环那幕之后，这新旧两种感觉居然融合为一。男孩明明知道短短一别之后，可能再也不会相遇，却又忍不住地告诉对方："你！漂亮的女孩！"

他是既豪放又无求的率真哪！

人就这么短短一辈子，此刻一去就再也不回的一辈子。我们吃得下多少饭？走得了多少路？看得完多少书？回得了几次头？

于是当我们对一个人有感动的时候，就告诉他吧！以那种“为而不有”“不必藏于己”“无欲无求”的心，告诉他！

“你很美！”

“你好可爱！”

“你的声音真好听！”

“你是个好细腻的人！”

于是我们就能看到对方，一惊、一喜、一笑！

美，何必自己拥有？

这一惊、一喜、一笑，就是闪亮的美！

福祸一念间

/

当他弯身把书放下的时候，

我才发现——

他的两只手都没了，齐齐地从腕部被机器切断。

身在福中总不知

小学六年级，一个总是被老师抓去打手心的同学，某日突然对我说："告诉你一个坏消息，再告诉你一个好消息！"他故作神秘地说，"要不要听？是我刚才从老师那里偷看到的。"

"当然要听！"我一下子紧张起来，催他快说。

"坏消息是你的算术月考不及格！"他把"不及格"三个字说得特别重而慢，让我的心好像连摔三级似的滚进深谷，额头、手心的汗，一下子冒了出来。

"再告诉你好消息吧！"他得意地笑着，"刚才的坏消息是我编的！”

三十年了，小学的事情多半忘记，这一幕却依然那么清晰。我常想，明明只是那么平凡的一天，那么莫名其妙的恶作剧，事实上不曾发生任何事，却为什么那样难忘？

去年春天因为胸痛去医院检查，到楼下放射科照X光，片子十分钟就出来了。检验师交给我时，我好奇地问：“肺上面有没有东西？”

他沉吟了一下，小声说：“有！你拿上楼给医生看就知道了。”

到二楼诊疗室的路很短，对我来说，却一下子变得好长。脚步变得好重，妻子、儿女、事业全浮上心头，我的心则往下沉，神色凝重地把X光片交给医生，等待宣判……

医生把片子夹上光箱，瞄了两眼：“没事！旧的钙化点，胸痛只是食道溃疡造成的。”

回家吃了一个礼拜的药，胸不痛了，心却伤痛！好像小学六年级的那件事重演，且伤得更深，想起由放射科走回诊疗室的那段路，万念俱灰啊！听过多少朋友，许久不做胸腔透视，猛然觉得胸痛，一查是肺癌，几个月就死了。如果那天发现的不是无碍的钙化点，而是癌，我的生命、生活和我的爱，将如何安排？

但再想想，这不也如同小学时的遭遇，只是平淡生活里，无中生有，空穴来风？

难道，是无中生有，使我这个争逐的人，能突然放慢马蹄，听见自己狂奔的心跳与后面生命的呼唤？

在那偶然的“一失”之间，我惊悸了。甚至在那惊悸之间，有了许多顿悟。

读史书，常看到臣子叩头流血，谢圣上不杀之恩的情节。

那做皇帝的，为了令臣子感念圣德，供他驱使，竟故意罗织一些不利臣子的罪证，吓得对方以为马上就要遭到满门抄斩的厄运。

然后，龙颜一缓："罢了！你跟我这么多年，赦你无罪！"

多么像是晴天霹雳之后，又风和日丽啊！那臣子仿佛得到了再造之恩，怎能不感激涕零呢？

只是回头想想，船去水无痕，几曾真有霹雳？霹雳只是人造的。

霹雳却常能成为"当头棒喝"，喝出许多朗日晴空下想不到的东西。尤其使那"人在福中不自知"的人，开始"知福"。

报上看到一则新闻：

一个意外中被压断双手的人，医生忙中有错，不但只接回他的一只手，而且错把右手接到了左腕上。

照片中，只见他伸出的左手，手背朝外，拇指却朝下。据说连举杯喝水的时候，如果不小心，朝上的小指头都会插到眼睛。但是他笑得很开心，说："总比没有手好！"

这使我想起二十五年前到装订厂，那时还没有附带安全保险的裁切机。我看到一个中年人的两只手，各只有半截手指，据说是在裁切时不小心切掉的。

"一下子切掉八截，吓得、痛得，已经不知道怎么好了！就算是接回一根，又有什么用？还不如现在，多整齐！一条线！"他一面继续把书推进机器裁切，一面往屋里看，笑笑，"比老爸还好呢！"

说着里面走出个老人，怀里抱着一包书，当他弯身把书放下的时候，我才发现——

他的两只手都没了，齐齐地从腕部被机器切断。

后来引进了国外的裁切机器，先是在机器外面左右有两个按钮，必须一双手同时按，才会启动，以免造成一只手在刀下，一只手已经按按钮的危险情况。近几年更进步了，设有红外线的电眼能够觉察，即使有一根手指在中间，刀子也不会切下去。

每次我到装订厂参观，都会不断赞美那安全装置是伟大的发明。

“这有什么稀奇的？”十八九岁的工人，认为我少见多怪地笑道。

他必然没见过那失去双手和手指的父子。

但是，一直到今天，我拿起每一本装帧整齐的书时，都心存感激：

感激装书人，曾为我们做的牺牲。也感谢上苍，让我能有完好的十指，写字、作画，并翻阅手中的这本书！

牺牲一念间

／

监斩官对死囚说：

"只要有朋友愿意保，你可以回去跟家人过最后一个中秋，只是届时如果你不回来，朋友就得死！"

爱情的本色

从小就爱读《桃花源记》，想象那缤纷的桃花、鲜美的芳草、一叶扁舟摇进溪流深处的悠然和“初极狭，才通人，复行数十步，豁然开朗”的惊喜。

哪个少年不爱缤纷的凄美？哪个少年不喜欢探险的乐趣？《桃花源记》正因此而深获我心，百读不厌。

只是进入中年，我虽然还爱读《桃花源记》，感觉却全然不同，注意的焦点也有了改变。

我常想：桃花源里如此丰美，桃花源外的“晋太元年间”，又那样纷乱，武陵的渔人为什么不留在里面呢？难道因为他家里已有个等待丈夫归来的妻子和嗷嗷待哺的幼儿，使他放不下，而不得不离开？

我也猜：或许那渔人钻出山洞，沿路处处做记号，是打算把一家人带回桃花源；他一边划船，一边想："如果我的一家老小，都能生活在那世外桃源，该是多么完美的事！"

那确实是"完美"，这世上许多事都"美"，却不见得"完"，只有当我们所爱的人都幸福的美，才是"完美"。

但是话说回来，我又想：如果渔人预先知道，后来寻不到自己做的记号，再也难见桃花源，会不会因而决定自己一人留下来？

越南沦陷之后，许多美军和当地女子所生的孩子，千方百计地联络上自己的生父，要求到美国团聚，但是父亲不认他们。

一位医生对我说，许多男人在外面有了私生子，跟医院要求出生证书上登记自己的名字。医院说:“要登记可以！你先去区公所认领！”那些男人就懦懦地退缩了。

但我也记得越南沦陷不久，报上刊载：一位美国驻越南记者冒着生命危险游过同奈河，进入已经被对方占领的西贡市，救出他的越南情人。

这个新闻很小，但留给我非常深刻的印象；觉得那位记者在寒冷而黑暗的河里泅泳，远方烽火连天的景象，就在眼前……

我很佩服这位记者，因为他的表现不是激情，而是深情——一种对爱情负责任、死而无悔的牺牲之爱。

我也读过一个故事，监斩官对死囚说:“只要有朋友愿意保，你可以回去跟家人过最后一个中秋，只是届时如果你不回来，朋友就得死！”

有朋友愿意保他。

他回了家。

他准时出现在刑场。

我想，不论是他，或他的朋友，都表现了人类极高的情操——一种能够战胜求生欲望，以情义为重的情操。

那监斩官莫不是有意设下这个局来试炼人心？他是何其慈悲，又何等残忍哪！

第二次世界大战期间，德国残酷的科学家，为了试验人性，把母女各自绑上电极，在她们手中放个开关，受刑者只要扭动开关，就可以使自己身上的电流减弱，并把那减少的电流转加到对方身上。

当电流逐渐加强，在惨叫中最先死亡的往往是母亲。

因为她宁愿自己死，也不愿女儿受苦。

纳粹证明了什么？

证明了母爱的神圣与伟大。

至于唐代传奇中的《杜子春传》，则证明了父爱。

杜子春因为穷途潦倒时接受道士的帮助，而决定帮道士看守丹炉，条件是在看到任何恐怖痛苦的幻象时，都不准出声。如果丹药炼成，杜子春则能与道士一起修得长生不老。

杜子春通过了不少幻象的考验，却在丹药将成之际，看到爱子被人活活摔死，终于惊痛失声。

丹炉崩裂了，杜子春重新回到有生死爱恨的人间。

当我读到这段故事，没有半点为杜子春感到遗憾，只有欣喜。因为，如果主动离开自己所爱的人，就算能长生，又有什么快乐？

或许有人会说，在另一个世界又可能找到别的爱人。只是我认为：抛弃今生的爱，这种遗憾与亏欠，就不可能创造另一生完满的爱。

有部名叫《茧》（*COCOON*）的电影，描写一群人从外星人那里获得青春，最后外星人表示愿意接他们到另一个世界享受永生。有些人接受了，有些人则宁愿留在这个有死难的人间。

当片子中不愿去的人跳下船时，我感动极了：觉得看到杜子春、看到泅水的记者、看到纳粹营中死去的母亲、看到离开桃花源的武陵渔人。

只有负责任、肯牺牲的爱，才是真正的“人性之爱”，尽管他可能看来冥顽固执，甚至有些愚昧，却正是爱情“无怨无悔”的本色！

生死爱恨一念间

我很喜欢观察昆虫，发觉在这些小东西之间，
实际有着一个大世界，其中生死爱恨俱全，
丝毫不比人的世界少。
下面的两篇故事，表面看只是叙述昆虫的死，
实际是借喻人间的“生命理想”和“自私的爱”。
让我们从昆虫的身上，来反省自己！

昆虫之死

蝉蛹之死

自从搬来这林间的房子，蝉鸣就更猛烈了。有时候细细听，竟觉得那声音像是浪涛，排山倒海，一波一波地袭来，只是声音虽响，却不吵，而且因为掩盖了其他的杂音，四周反变得更安静了！

只是蝉既多，便增加了许多可怕的蝉壳，树干上、枝丫间常挂着一串串褐色的小东西，冷不防地吓人一跳。

我本不该被吓，因为小时候不但常用竹竿卷上蜘蛛网，粘捕枝头的鸣蝉，而且专门收集蝉壳，据说那是一味药材，可以拿到中药店卖。小朋友们需求既殷，丑恶的蝉壳，也就成为至宝，每发现一个，不但不怕，反而有中了奖的兴奋。

说那蝉壳丑恶，是绝不为过的，虽然早成为空空的虚壳，仍然面貌狰狞，死抓住树干不放，它是即使在死后，还坚持完成任务的。唯有这样，里面的蝉才能安全地挤出背上一个裂缝，再一步步地蝉蜕出来。想想看，那是怎样的一番挣扎，可不像茧里的蛾，只需咬破一个洞，就能顺利脱身。

那也不是蛇蜕皮能比的，因为蛇只有一条，蝉却有六只脚，且带着毛、连着刺，加上大大的头、圆凸的眼睛和薄薄的翅膀，丝毫无损地完成蜕变，岂是一件易事？

正因此，那蝉壳就愈得抓紧了，紧到里面的主子左摇右晃地挣扎，整个身躯都挤出来之后，还能安稳地攀在自己的虚壳上等待恢复。

它使我想到产后的妇人，面色苍白地躺在恢复室里，只是不知那虚壳是母亲，抑或脱出的蝉是孩子，又或者它们都既是母亲，也是孩子？

一个死了！一个生了！死者原是生者的一部分！既然后者要生，前者就必须死。只是那壳若有知，是否要冤屈自己被遗弃？那生者在与虚壳相惜相守，一起成长十七年，终于钻出地表，见到光明，又奋力攀上枝头之后，在它决定脱离的刹那，又是否有一种痛心与不舍？那是生离，抑或死别，还是只不过换了一个身份，脱下一件衣服？

古人真是豁达，在中药里不称蝉壳，也不叫蝉蛹，而说那是“蝉衣”！

多么精巧的一件衣服啊！须眉俱在，毫发如生，怪不得成语说“金蝉脱壳”，妙的不是金蝉，而是令人疑惑的“蝉衣”！

或正因此，千年前的埃及人，就崇拜蝉，在金字塔里陪葬许多蝉形和甲虫的陶器，且涂上亮丽的蓝釉。中国人的老祖宗更用玉雕成蝉，放在死者的口中，称为“琀”。他们是怎么想的呢？想那死者的灵魂脱壳飞去了？想那留下的尸身，并不是真正的死者，只是一件如同“蝉衣”般的“人衣”？

但是否所有的蝉蜕都那么成功，它们会不会像妇人难产，蜕不出去，而真真正正地与那蝉衣同朽？

傍晚，推开后门，阶前一个颤动的小东西吸引了我的视线，那是一个蝉衣？不！应该说是一只蝉！又应该说是一个未脱去蝉衣的蝉。但是没有蝉蜕的，是否能称为蝉呢？

便说它是蝉蛹吧！这蝉蛹似乎刚钻出泥土，正四处找寻可以攀爬的东西。虽然长了眼睛，它好像是没有视觉的，盲目地向四方探索，攀住石阶，又滑了下去；进入草地，又翻身栽倒，仰面挣扎。

我没有理它，径自到院角坐着欣赏林景，只是回屋时发现它还不能自己翻身，尤其危险的是，附近有几只大蚂蚁逡巡。

顺着蚂蚁走去的方向望，更可怕的景象出现了，一只蝉已经身首异处，几只蚂蚁正钻入尸体的胸腔觅食，而那旁边离地不远的墙上，则有着一个完整的蝉壳。当然，我了解那是一只刚蜕出的蝉，还没来得及翩飞高鸣，就断送了生命！

我突然领悟，为什么蝉要坚持往上爬，必须要到高高的地方，才开始脱壳。因为那里比较安全，使它们能有足够的时间，在没反应、无武装的情况下，完成蜕变。这使我想起武侠小说里形容闭关练功的高手，练成之后猛不可当，练功之时，却人人都可以置他于死地。

现在这仰面挣扎的蝉，就正要找个闭关的所

在呢！

生怕落入蚂蚁的魔掌，我把蝉蛹拿起来，放到树干上，看它攀住了，才松手离开。只是刚转身，便听见“啪”一声，它又重重地跌回地面。

这大概是只笨蝉，自己没有本事攀高，又碰上强敌环伺。

好人做到底，我何不为它安排一个蜕壳的地方，也正好观察那过程。

我把蝉蛹拿进画室，又找来一块由垦丁买来的奇木，让蝉蛹在上面攀着，只是不知奇木因为打过蜡而滑不留足，抑或这蛹本身不够强健，它一遍又一遍地跌了下来。眼看天已黑，只好把它放回树下。

第二天一大早，我就冲到后院，想它应该已经攀在干上，变成金蝉，却发现一只仰卧的蝉蛹，僵死在地面。

既攀不上，何不在地面蜕变算了？经过十几年的等待，难道还非要登上最高枝？抑或上天早限定了时间，若不能在几小时之内蜕变完成，就注定要死？又或是非找到一个自认安全的处所，它就宁可死在蝉衣之中？

它岂知未蜕变的蝉，依然只是只蛹，不能飞、不能鸣！如此说来，死死守着蝉衣，即使那蝉衣能千年不坏、万年不朽，又有什么意义？

“爸爸！你在看什么？”儿子突然探出头来，“喔！一只死蟑螂！怎么？咱们家有了蟑螂？”

我没答话，仰面向天，太阳穿过林梢，满林的蝉全叫了起来，先是抖抖颤颤地试音，渐渐找到共鸣的节拍，瞬间变得高亢。

我坐下来谛听，觉得那蝉鸣居然与往日的不同，带有一份特殊的欣喜，像是欢呼，又如同喝彩，哗啦哗啦地喊着……

杀手挽歌

不知是谁跟我过不去，花园的草坪上总出现一堆堆的沙土，远看好像许多小坟丘。

蚯蚓绝不可能有那么大的本事，而且蚯蚓弄出的泥比较湿，又呈一条条的。这些小坟丘则完全由沙土构成，一颗颗，很干、很匀，每一堆都有个尖峰，从那顶点，让沙粒自由地滑落，于是又令人想起金字塔。

若是晴天，这松松的沙土，倒还不成问题，狠狠踢几脚就散了，只是碰到下雨，就麻烦了。沙土被雨水冲开，一大片摊在地上，再出太阳，土结成一层硬壳，下面的草全死了。没多久，原本整片翠绿的草坪，变成了瘌痢头。

这也不会是松鼠干的，松鼠能挖洞，但是不懂堆土，而且挖的洞要大得多，不像这些小土堆旁边出现的小洞，直径只有一厘米。

难道院子里出现了蛇？但现在是夏天，地下如果有冬眠的蛇，早该出来了，不可能隔几天就挖个洞、弄堆土。

我终于想到：是蝉！那些在下面住了十七年的虫蛹，在破土重生时，造成的现象。看那长得活像装甲怪物的蝉蛹，应该只有它，能具备这种挖地道的功力。

问题是，蝉破土，是向外挖开，不可能推出那么一大堆沙子。而且蝉蛹留下的洞，都是在大树下，因为睡在地底的十几年间，它们全得靠吸树根里的汁液维生，不可能待在广大的草坪下面。

为了侦破这件悬案，我总是盯着窗外，但不知是否因为太远，还是那元凶太诈，又抑或这挖洞的工程都在夜里偷偷进行，元凶没抓到，小土堆却继续出现。

忍无可忍，我决定主动出击，把那些小洞一个个封死，如果这是什么小丑的地下公馆，且看它死不死？来不来？

我穿上长袖衬衫、长裤和球鞋，又把裤管塞进袜子，用一根铁条向小洞里捅。这招我早想过，一直没做的原因是怕狡兔三穴、狡蛇二洞，如果从这头捅，元凶由另一边钻出来，狠狠给我两口，怎么办？谁敢说，它没有一个秘密的出口呢？只怕这堆土是声东击西的安排，目标明显的反而是假。

最重要的是我还不知这元凶是谁。

铁条一个个捅下去，都足有半尺深，拔出来，既无血水，也没肉酱，看样子全是空宅，更不见何方恶物由另一角冒出来。

我把小洞一一填平，先用洞口的沙土往里塞，再站在上面跳，那些洞都是斜的，就算土填不实，这一跳，也必能把洞压得坍方。

只是第二天，那些洞又出现了，且堆起比原来更高的一堆沙。

这简直是侮辱，我决定干到底。于是搬了一张桌子到草地中央，一边写稿，一边擒凶。

八月的太阳很辣，所幸旁边有大树，过了下午三点，影子就移到了桌上。

我这个擒凶站，“锁控”三个贼穴，一前、一左、一右。椅子旁边并置有铁条、铁铲各一，烤箱专用的厚手套一副。如果是小动物，可以用铁条戳；若碰上毒蛇或蜈蚣，则以铁铲来“切”“砍”，保证让它碎尸成好几段。

北方的八月，已经开始有些黄叶落下，还有许多莫名其妙会随风飘来飘去的毛茸茸的草籽，在前面明艳的阳光和黑暗树影的背景间，造成一片热闹的场面，使我很难集中注意力写稿子。

还有令人讨厌的各种飞虫，笨到可以把我的耳朵当花，上上下下地盘旋，害我不敢动一下，怕它采花不成，出手伤人。更有飞行技术拙劣的甲虫，像小石头一样往我身上撞，落在桌面，则一动不动地装死。

最可怕的则是那名叫“杀蝉者”（Cicada Killer）的超级大黄蜂。好像轰炸机似的在我四周窜。它们飞行的技术一流，忽快忽慢，有时直直朝我冲来，近在咫尺，突然转向，给我极大的精神威胁，唯恐哪一次，虚招成了实招，狠狠朝我后颈扎一针，把毒液由脊髓送到大脑，一命呜呼！

这杀手的凶狠，我是领教过的，有一次在院里走，突然一团东西尖叫着坠在身边，乍看还以为是两只蝉抱着亲热，直到看那翻滚的样子，才知道事情不妙。只见一只足有四厘米以上、黑得发亮的大黄蜂，紧紧抓住蝉，以弓着身子的姿态，用它尾部的毒针，一次又一次地扎进猎物的身体。活像个职业杀手，上面搂着对方、露出笑容，下面一声不响地把刀子捅进去。

原来蜂类不全是采蜜过日子，当中也有许多吃荤的。看那“杀蝉者”，把蝉卸成一块块，甚至钻进蝉的体腔里啮食，我真是头皮发麻。

想到这儿，我就更是坐立不安了。但悬案未破，岂容退却？只好加强戒备，把衬衫领子竖起来，继续苦撑下去。

突然，眼睛一亮，一只大黄蜂先在地面两尺的高度盘旋，居然猛地下降，落在我右侧那堆沙土上，再毫不犹豫地，快步钻进小洞。接着前面那堆沙上也来了屋主，感觉上它不是空手，而在嘴里叼着东西，搞不好正是蝉的尸体。这杀手居然也懂得储藏食物呢！只是别人储“蜜”，它储“肉”。

我一个箭步跳开，转身冲进车房，找到电话工人介绍的“杀蜂剂”。这是一种剧毒的喷雾罐，前些时屋檐住了马蜂，我夜里喷两下，第二天早上地面躺了几百只，足足扫了一堆马蜂尸体。

想必对这“杀手”也管用。我先拆下一个小纱窗，把它盖在沙丘上，再对准下面的小洞喷药。我很为这一招得意，因为就算那“杀手”居然能忍着不死，冲出来找我拼命。碰上这纱窗的阻挡，也就成了笼子里的猛兽。

右边的洞喷完了，想必死在了里面，我用脚隔着纱窗，把洞踩平。

再喷中间，不知是不是得了消息。才罩上纱窗，那家伙已经往外冲，正碰上我的杀蜂剂，它居然还能紧抓着纱窗不放。一支泛着褐色光，足有缝衣针那么粗的尾刺，狠狠地隔着窗纱伸出来。

我也用脚把洞踏平，杀手一定被踩扁了，只是仍见那根毒刺伸在沙土外面。使我想起两伊战争结束多时，美军终于承认有不少伊拉克士兵被推土的战车活埋。

“我们叫他们投降，他们宁愿死。他们这样选择，我们有什么办法？他们是举着枪死的。”美军说。

我想，这大黄蜂杀手，也算是举着枪死的，对于战士，这是最光荣的死法。

现在轮到左边那个洞，大概主人还没回来吧！不过也可能在我拿杀虫剂时已经回来了。我仍然把纱窗放在洞口，对里面狠狠喷了几下，再把土踏平。

应该算是凯旋！我把桌椅拿回屋内，又拾起小纱窗和杀蜂剂。正要转身离开，却见一只黄蜂迎面飞至。

我以反射式的动作倒退几步，所幸它没追来。或许它还不知家里发生了什么事，居然落在了那块被踏平的洞口。

它难道闻不出下面有杀蜂剂？

但是，它居然开始向下挖了，先用头往里顶，前脚把土拨给中间一双脚，再从中间移给最有力的后腿。

我终于了解这些小沙堆是怎么形成的了。是这黄蜂一爪一爪拨开，再踢到洞外的。

且看，它居然进去了，往那个充满杀蜂剂的家里，不要命地冲。触角进去了，前脚进去了，翅膀也进去了，像是装了弹簧的后腿，不停地踢着沙，竟不知自己是在赴一场死亡的约会，竟不觉自己已经中了剧毒！那家里到底有什么让这杀手舍不下的东西，值得它杀了别人，分了尸，再一次一次带回家，又当我把洞填平之后，以彻夜之功，重新打出一条路钻进去？

天黑了，我没有继续观察。既然它已必死，也就无须再摧毁一次，或给予任何关怀与同情。

第二天，果然又有了一个小沙堆，我开始怀疑杀蜂剂的效力。

一手拿着纱窗，一手用铁铲把小洞慢慢挖开，我的心快跳到了喉咙，唯恐当那“杀手”冲出时，来不及把纱窗盖下去。

还好，我终于看见它的一双后腿，一动也不动，果然毒发身死。继续往下挖，我大吃一惊——

深深地道的尽头，一群小黄蜂躺在它的前面。

痴情一念间

/

我们有着与生俱来的怀旧，

用爱恋母亲的心，去爱每一个曾经拥抱过、

温暖过我们的地方。

执着的爱恋

大家都说小孩子特别喜新厌旧，我却认为不尽然，甚至可以讲：孩子对某些旧事物，比大人还要固执得多。

有一天去理发，才进理发店，就看见一个三岁左右的孩子，尖声哭喊地抱着理发师的腿，又踢又打，旁边一位助理小姐怎么劝都不成。

最后，原本坐在椅子上理发的妈妈，不得不下来安抚："妈妈一会儿就剪好了！会变得好漂亮的！"她拍着孩子，"你不是希望妈妈漂亮吗？"

没想到，小丫头猛地抬起泪脸，哭喊着说："我不要妈妈漂亮，我要丑丑的妈妈！"

理发店的小姐对我摊摊手：

"这种事很平常，小孩都不愿意妈妈变样子，认为变样子就不是原来的妈妈了。"

儿子上幼儿园的时候不听话，甚至跟他妈妈闹别扭，妈妈气急了，恐吓他说："你再不乖，我就走了！留你一个人在家。"

"走就走！一个人就一个人！我还有爸爸！"

妈妈怔了一下，说："好！妈妈走了，叫爸爸再给你找个新妈妈来！"

"我不要新妈妈！"原来倔强到底的孩子，居然崩溃了，"我要旧妈妈！'

事情过后，做母亲的拿这事逗他：

"新妈妈有什么不好呢？新妈妈说不定比旧妈妈

年轻、漂亮，更不会不准你吃巧克力，换个新的不是很好吗？”

“我就是要旧妈妈！”孩子没有解释，只是重复这一句话，“我要旧妈妈！我要旧妈妈！”

小女儿有卷录像带，全由一两岁的娃娃演出，其中令我印象最深的，是一个小丫头看到妈妈拿走她的大毛巾去洗的时候，哭着把毛巾抢回来。

我想每个有孩子的人，必定都经历过。孩子吃奶瓶时，常要抓着一件软软的东西，或是摸着被子的一角，或是搂着一床大毛巾。

“乖乖！吃奶、摸尖！”

每次家人叫我那小丫头吃奶瓶时，都这么说，并拿一块布给她抓着。妙的是，小丫头居然坚持要抓同一条毛巾，尽管那毛巾已经破得不成样子，她却爱得要死。

“你不觉得破毛巾臭吗？”我揶揄她，“臭死了！”

“香死了！好香，好香！”小丫头喊着。

我发现吃奶瓶的孩子，由于常不能搂着母亲，那身边柔软的毛巾、被单或枕头，就成了母亲的替代物。至于被子的尖尖角，则成为母亲的乳头。

那是一种与生俱来的完全占有的欲望，吃着一个乳头，摸着另一个乳头——整个妈妈都是我的。

正因此，孩子不嫌妈妈丑，也不嫌毛巾旧！

十三岁那年，一场大火烧毁了我的家，不过三十分钟，我眼睁睁地看着火苗冲出房顶；眼睁睁地看着一根根柱子倒下，成为一堆灰烬。

后来，我搬到一栋小楼上，却又在没几年之后，接到小楼要拆除改建的通知。

在迁离的前两天晚上，父亲生前的一个朋友，征得我母亲同意，要拆两扇小门过去。

坦白讲，那门已经没有用处，留下来也是被拆除抛弃，能拿到朋友家使用，倒是件好事。

但是，当工人来拆门的时候，我却哭了，大声喊着，不准他们动手。

童年的家，先毁于火。少年的家，又将被摧毁。我多么希望稍稍保有一些旧的记忆——那古老的、能让我执着的爱。

四十岁，我搬进一栋新居，由于亲戚多，不得不将原来的洗衣室改为卧房，餐厅改为起居间；又为了采光，在屋顶开了两扇天窗。

有一天，接到前任屋主的电话，说他的孩子想来看看旧居，我兴奋地答应了。

我是“兴奋”，因为很想让那小男孩，看看我把他原来的家，做了多大的改善。

果然，我每推开一扇门，小孩就发出一声惊叫，用那种大口吸气的方式惊叫。

只是，惊叫里散发出的不是欣喜，而是叹惋，甚至是一种哀伤。

小男孩走后，我独自坐了良久，把自己沉回少年时的小楼，那搬离的前两天……

我们是有“喜新厌旧”的天性，正因此，能不断地追求、创造。但我们也有着与生俱来的怀旧，用爱恋母亲一样的心，去爱每一个曾经拥抱过、温暖过我们的地方。

幼年时，我们可能认定那条臭毛巾是一种母亲。

少年时，我们可能觉得那栋老宅是一种母亲。

成年时，我们会渐渐学会爱这个大地。她或许很不平静，且受到污染，但我们执着地爱她。

她是永远怀抱我们的母亲！

往生一念间

/

我们为爱来到这个世界，走完爱的一生，

完成爱的责任，

终于尘缘尽了，无喜、无怒、无怨、无悔，

一无牵挂地离去。

天长地久，是多么完美的境界！

安心的旅程

常见巷子里有人搭建灵堂，把棺木停在其中，诵经超度。时间长的，能持续个把月，令我十分不解。

后来有朋友解说：这叫“殡”，也就是“宾”。人死了之后，不再是“主”，就以宾对待他；也不该马上就把他请出家门，依旧像生前一样晨昏定省地去看看，所以是人情的表现。

“不要以为个把月是长了。”朋友说，“照古礼，天子七日而殡，七月而葬；诸侯五日而殡，五月而葬；士大夫庶人则三日而殡，三月而葬。一般人的棺木，也要停置一个半月呢。”

“尸体不都臭了吗？”我问。

“所以朱熹才说‘卿大夫以上，丧祭用冰者也’。为了保存尸体，延长停殡的日期，几千年前中国人就用冰了。”朋友一笑，“《礼记》里早有记载，你不知，是不知礼！”

我口服，却未能心服。直到最近看佛教书籍，才找出更合情的解释。

书上说，死后，除了大善的人，因为正气上升，直接升天；或大恶的人，因邪气不沉，而堕入畜生、饿鬼和地狱之外，一般人的“神识”，仍然会在肉体中停留一段时间，对于外界也依旧有感觉，所以需要“殡”——等死者的神识，平平安安地离去。

照这么说，“死”和“去”就不是同一件事了。“死的人不一定去”，如同站在毁坏不堪住的房子里流连，怀念往昔美好的岁月。

于是就有另一种说法出现了：

人到临终，能为了要见心爱者的最后一面，而忍着不死。

即使不得不死，死后仍然可能在躯体里徘徊不去，等着亲人的来到。

这使我想起小时候跟父亲在淡水河边钓鱼，见有人溺毙，尸体拖上岸边，等着认尸，当亲人赶到，已气绝多时的遗体，居然立刻七孔流血。

“不要哭了！你看，他知道你来了，才心安地死去！”这句人们安慰苦主的话，而今对我有了新的意义。

那些由远地赶见亲人最后一面的人，即使没能在瞑目前看到，只要死者的“神识”未去，守在灵前，不是依然有安心的作用吗？

“安心”这两个字，也是我最近体悟到的。因为佛教书上说，面对将死的人，不要大声哭号，免得使病人多了情爱的牵挂，反而舍不下、去不了。

初见这几句话，真是令我惊动。原来面对死者，竟要像送人远行一般，默祷祝福，使他平平安安、了无牵绊地走向来世。

只是，这世界上有几个活的人办得到？又有几个死者没一点人间的牵挂？

记得有位著名的外交官在美国病危，妻子儿女都在身侧，却一直在死亡的边缘挣扎，直到他的那位红粉知己远从国内赶到身旁，才安然地逝去。

那是安心，还是未安心？

安心处，是终于见到最后一面。只是，这最后一面，不是会引来更多的依依不舍，反而影响了“往生”吗？

这也使我想起一位长辈，临死非要家人避到外面，却把一个同事唤到床前，叮嘱了几句话，便溘然长逝。

那同事后来私下对我说，死者只是交代他把办公室抽屉里的一些荒唐信件焚毁，以免日后让整理遗物的妻子发现。

“他太爱妻子，不愿伤她的心！”同事说，“所以他忍着不死，直到得我承诺才安心。”

顺着这条路想下去，那些猝死的人，只怕便有许多“不能安心”之处了。有人说，猝死的人，容易成为孤魂野鬼，迟迟不愿走向来世。我想原因之一，就是他们未能得到机会，见亲人最后一面、交代后事。或如我那位长辈一样，未能做些特别的处置，而不能安心。

问题是，谁能保证自己会寿终正寝？为了死后能“安心往生”，岂不是时时都该求“心安之处”？譬如为妻子日后的生活着想，而投保寿险；对私人的事务，随时留个底，藏在某处，以便身后家人能找出头绪。

有位美国朋友做得妙，他每个月都把自己在台湾地区账户的存款资料放进保险箱。来往两地，从来不与妻子同乘一班飞机。

他说："我死了，如果知道自己半生辛苦没白费，能够让妻子过得好，便能心安！"

瑞蒙模第的《死后的世界》，记载了许多曾被医生宣布死亡，后来却奇迹般复活的人，也说：许多人，尤其是做母亲的，都因为"死后"放不下未成年的子女，而拒绝"神光"的召唤，重新回到阳间。她们非但"忍着不死"，岂非"忍着不去"吗？这忍着不去的力量是什么？

是爱！

只是与佛教的说法相比，这爱就成了阻碍死者平安往生的力量。

某日跟一位有七个子女的妈妈谈到这件事，她笑道：

“这哪里有什么矛盾？如果是我，一边是极乐的天堂，一边是待哺的孩子，我绝对选择孩子，我宁愿牺牲自己的天堂，也要做孩子的天堂！爱就是痛苦，可是人因为爱才能生，生下来也就是为了爱。你从生物学的角度看，哪一种生物，不是在失去生殖力之后不久就死亡？女人在更年期之后，为什么还能平均再活二十年？就是因为孩子需要二十年的照顾。老天算好了，让你最晚生的孩子，也长大成人，就接你上天，如此说来，生命与爱岂能分得开？”

去年冬天，看了一场《第六感生死恋》，里面有死后神志即刻离去升天或下地狱的；也有徘徊人世，续尽情缘，才了无牵挂、安心往生的人。看完电影，我有个感触：

什么是天堂或极乐世界？那应该是一种“安心”的境界。

天主教徒病危时请神父做傅油圣事，是求自己的安心。

佛教徒在死者身边不断诵经，是求“远行者”的心安。

我们为爱来到这个世界，走完爱的一生，完成爱的责任，终于尘缘尽了，无喜、无怒、无怨、无悔，一无牵挂地离去。

天长地久，是多么完美的境界！

所以每次见人出殡，我都默默地祷祝：愿你有个安心的旅程！